I0830362

prometeo
libros

prometeo
libros

EL ARTE SUAVE

Marcos Buccellato

El arte suave

Etnografía del Brazilian Jiu-Jitsu

prometeo libros

Buccellato, Marcos

El arte suave : etnografía del Brazilian Jiu-Jitsu / Marcos Buccellato. - 1a ed. - Ciudad Autónoma de Buenos Aires : Prometeo Libros, 2021.

190 p. ; 23 x 16 cm.

1. Etnografía. 2. Artes Marciales. 3. Brasil. I. Título.

CDD 305.800981

Corrección: Germán Andrea Giri
Armado: Mercedes Mingorance

© De esta edición, Prometeo Libros, 2021
Pringles 521 (C11183AEI), Buenos Aires, Argentina
Tel.: (54-11)4862-6794/Fax: (54-11)4864-3297
editorial@treintadiez.com
www.prometeoeditorial.com

Hecho el depósito que marca la Ley 11.723
Prohibida su reproducción total o parcial
Derechos reservados

Índice

Agradecimientos

Este trabajo representa la culminación de una larga investigación que tomó seis años de trabajo de campo. A lo largo del mismo hubo mucha gente que me ayudó y fue parte de este proceso. Una de estas personas fue, en particular, esencial para encauzar este proceso: María Soledad Córdoba. Sin sus consejos, su desafío intelectual continuo, su paciencia y su cariño, todo este viaje hubiera sido gris y sin sentido. Sin Soledad, este libro no existiría, hubiera quedado como una idea más flotando en el océano de lo irrealizado. Gracias por haberme contagiado parte de esa voluntad de hierro que te hace avanzar continuamente. Espero poder seguir compartiendo la inspiración y el regocijo de seguir pensando juntos. Mis tres hijos han sido también una fuente de motivación que me ayudó a llegar al fin de este viaje y son el faro que me guía para lo que viene. Mi rol como padre me ha enseñado más en esta vida que todo lo que me han enseñado docentes y libros en los últimos 30 años. Gracias Fausto, Margarita y Allegra, son mis mejores docentes, me ayudan a ser mejor todos los días. Verlos crecer cada día es mi mayor regocijo en esta vida. Espero poder seguir estando a la altura de tan hermosos seres y guiarlos hasta verlos brillar en su máximo esplendor.

Este trabajo tampoco hubiera sido posible sin la cooperación y la invaluable guía de José Garriga Zucal para mi trabajo de tesis. Sus consejos y orientación al momento de realizar la investigación fueron esenciales para poder avanzar y llegar a buen puerto.

Por otro lado, llevar adelante este trabajo y transitar esta carrera me puso en contacto con gente maravillosa, que fue parte de mi formación y al mismo tiempo de mi experiencia placentera en este camino de la antropología. Ningún logro es individual sino del colectivo al que estamos indisolublemente ligados; ha sido gracias a mis compañeros y profesores en estos seis años que he podido alcanzar esta meta.

Un especial agradecimiento a Iván Méndez y a Ricardo Herrera, mis dos compañeros en el mundo del *jiu-jitsu* y en la vida. Aprendí mucho a su lado y obtuve muchas satisfacciones (y una rodilla rota) con todo lo que emprendimos. Finalmente, no puedo dejar de mencionar la colaboración de Esteban Bonaveri y Andrés Valdés por sus invaluables aportes. Gracias a todos mis compañeros en el mundo del arte suave, con quienes también quiero compartir este logro.

Prólogo. Golpear y golpearse, aprender y enseñar

¿Cómo se aprende un arte marcial? ¿Cómo se enseña un arte marcial? Los dos interrogantes que recorren este libro son el punto de partida para una reflexión, profunda y rigurosa, sobre la dicotomía cuerpo-mente. Para lograr esta reflexión, Marcos realiza una investigación etnográfica en una academia de Brazilian Jiu-Jitsu (BBJ). Ahí aprendió a luchar, lo golpearon, lo revolcaron por el tatami y, con esfuerzo, asimiló las técnicas de este arte marcial. En este recorrido analítico y experiencial no solo aprendió un arte marcial, también se transformó en maestro. En el proceso, de aprendiz a maestro, se ilumina la propuesta teórica de Marcos: superar/discutir la dicotomía cartesiana.

Antes de presentar los vericuetos de esta discusión vale una aclaración sustantiva. Nos encontramos ante una obra pionera. Marcos dibuja los límites de un campo desconocido en nuestro país y también para América Latina: la etnografía de las artes marciales. Este es el primer libro –en nuestro inventario– que aborda las artes marciales desde las ciencias sociales. Existen un puñado de investigaciones que abordaron estos temas por estas tierras, sin embargo, no llegaron a transformarse en libro; no cruzaron las férreas fronteras del mundo académico. Por ello, este libro es un hito para los estudios sociales del deporte, rompe con la futbolización de este campo de estudios y siembra las bases para nuevas investigaciones.

La reflexión sobre la dicotomía cartesiana, que quedará aquí magullada al igual que Marcos en sus primeros entrenamientos, es el resultado de un exhaustivo trabajo de campo etnográfico. Entre el 2010 y el 2016 Marcos se sumerge en una academia de BJJ del conurbano bonaerense. Aquí cabe mencionar el rico ejercicio de reflexividad que posee el libro. Marcos cuenta la transformación de su rol en el campo, la mutación de sus interrogantes y el vínculo de todas estas transformaciones con lecturas y discusiones teóricas. El extenso período de campo habilita estas reflexiones. Una de las riquezas de este trabajo es que posibilita incluir la reflexividad en la relación que tenemos les investigadores con la teoría. La más recurrente de las aristas del camino reflexivo es la que aborda cómo las relaciones de campo construyen nuestros datos; la reflexividad de Marcos nos lleva, sin esquivos, a pensar cómo nuestra relación con la teoría, con nuestras lecturas, son también un elemento central en la construcción de los datos que luego analizamos.

Durante el trabajo de campo acontece un proceso personal: de aprendiz a maestro. Así descubrió la dificultad que hay entre el hacer y el explicar. Explicar implica una operación que él antes no había realizado. El ejercicio no requiere reflexión: se realiza, se ejecuta. Por el contrario, cuando un ejercicio se explica este demanda una conciencia del cuerpo, de los movimientos, de las partes, de las intensidades. Una reflexión sobre la ejecución. La reflexividad sobre esta modificación se articula con las lecturas de Tim Ingold que enmarcan el debate con la dicotomía cartesiana.

Aquí abrimos un paréntesis necesario. El ejercicio de reflexividad sobre la ejecución de la práctica corporal se hace palabras, se habla. El que habla es una autoridad, el *mestre*. Las palabras del *mestre* son las autorizadas. El libro analiza cómo esa autoridad se sustenta no solo en la capacidad de reflexión de lo corporal sino también en un tipo particular de relación jerárquica. El mestre rotula, nombra, ordena técnicas y experiencias. Forma cuerpos y movimientos al nombrarlos. Su poder, la construcción de una autoridad jerárquica, está sustentada en el rol que le da la institución, aunque principalmente en el lugar que el aprendiz consiente en esa relación.

Ahora sí, la apuesta del libro es proponer que la enseñanza y el aprendizaje se realizan de una forma no dualista, no cartesiana. El aprendizaje no es una transmisión, no es algo que la mente inserta en el cuerpo. Lo que se aprende es una habilidad. Y esa habilidad se aprende en relaciones, en interacciones. La apuesta de Marcos es presentar a estos *cuerpos-sujetos* que aprenden y enseñan insertos en una comunidad, en una comunidad de aprendizaje. No deseo anticipar la lectura de un libro atrapante y necesario, solo quiero, a modo final, señalar que la discusión con el modelo cartesiano es ineludible no solo para los estudios sociales del deporte sino también para todes los que analizamos procesos de formación en diferentes espacios y tiempos. Entonces, lean, diviértanse y discutan.

Dr. José Garriga Zucal

Introducción

Reflexiones sobre los inicios

En el año 2010 vi por primera vez un evento de artes marciales mixtas (de ahora en más MMA, que corresponde a las siglas del nombre en inglés, "mixed martial arts", que es como se la denomina usualmente) vía internet. Hasta ese momento solo había escuchado relatos, con un tono de leyenda urbana y casi infantil, respecto de peleas que se realizaban en una "jaula" donde no había reglas y los contrincantes luchaban hasta que el otro se rendía o quedaba inconsciente. Habiendo tenido formación en artes marciales en mi juventud, a principios de la década de 1990, e incluso habiendo participado de torneos internacionales de kung-fu, la idea del combate sin reglas me despertaba sentimientos ambiguos. Por un lado, me pareció algo bastante salvaje: al mirar las peleas me daba la sensación de que lo que ocurría era caótico, carente de técnica y brutal. Desde mi perspectiva, había dos personas en una jaula que se golpeaban violentamente hasta que una de las dos quedaba inconsciente. Estaba convencido de que alguien con un entrenamiento marcial riguroso terminaría los combates mucho antes y con menos despliegue de violencia. Por otro lado, desde que había comenzado a competir en mi adolescencia, en cada torneo mis compañeros y yo nos lamentábamos sobre los límites que imponían los reglamentos en el combate. Sospechábamos que en un "combate real", lejos de la artificialidad del área de combate, nuestra aplicación de técnicas avanzadas nos permitiría ganar los combates de forma más rápida y efectiva. Todos estos prejuicios surgían específicamente de mi instrucción en las artes marciales "tradicionales"; en efecto, el kung-fu[1] es considerado un "arte marcial tradicional chino", mientras

---

[1] En realidad por kung-fu se entiende un conjunto de artes marciales chinas, algunas antiguas, otras más contemporáneas, que tienen diferentes nombres y orígenes. Para entender la problemática detrás de este nombre ver Judkins (2014).

que las MMA eran algo totalmente distinto. El contacto con este fenómeno nuevo para mí me llevó a preguntarme si esta práctica podía ser llamada "arte marcial", sin haberme sentado a reflexionar demasiado qué entendía yo por este término. Ante esta nueva experiencia, consulté con mi antiguo instructor de kung-fu para conocer su opinión sobre este fenómeno. Para él era claro que, si bien había "uso de artes marciales", los combates se desarrollaban de forma tan "caótica" porque los combatientes tenían poca pericia en técnicas "efectivas": lo que hacían era combate deportivo y "bastante improvisado y desprolijo", según su visión. Claramente su apreciación me resulto afín, sin embargo, tanta reflexión me llevó a realizarme dos preguntas que nunca me había hecho como practicante: ¿Qué es un arte marcial? ¿Cómo determinar que un estilo de combate es "efectivo"? Con esto en mente, y pese a que mi formación antropológica no había comenzado, decidí explorar las artes marciales mixtas de forma directa; estaba convencido de que el contacto de primera mano con la práctica me iba a aclarar mucho más que la especulación distanciada y las opiniones de terceros. Este fue el comienzo de lo que podemos considerar una "exploración presistemática" del campo de las artes marciales en general, un camino que me llevó a encontrarme con el Brazilian Jiu-Jitsu (BJJ) y que luego, confluyendo con el comienzo de mi formación antropológica, me condujo a reformular las preguntas y la forma de aproximarme al fenómeno.

Busqué infructuosamente durante meses algún lugar que enseñara MMA o "vale todo", como también había escuchado que le decían a esta práctica. Finalmente, cuando ya no tenía esperanzas de encontrar un lugar cercano al que pudiera asistir periódicamente, descubrí un gimnasio que promocionaba clases de BJJ, arte que yo entendía era practicado por quienes se dedicaban al MMA. Considerando que esto era lo más parecido a lo que buscaba, decidí probar suerte. Me acerque al lugar antes del horario de comienzo de las clases y me presenté con el instructor, le comenté mi curiosidad y mis inquietudes y, a modo de buscar un plano de igualdad, mencioné el hecho de que era un "experimentado" (exagerando bastante) practicante de kung-fu. Esta presentación personal marcó la forma en la que comencé la práctica. Lo primero que ocurrió es que aquel instructor me brindó una larga explicación de cuáles eran las virtudes del BJJ frente a otras artes marciales tradicionales: "Esto está probado que sirve, acá practicamos combatiendo de verdad, no simulamos combates". Al igual

que con el instructor de kung-fu, el tema de la efectividad y del valor
en combates "reales" aparecía como el eje de justificación para el valor
del arte marcial. Las preguntas que me llevaron a acercarme al BJJ y mi
experiencia previa en un arte marcial que los practicantes consideraban
menos "efectivo" o incluso "de mentira", una "fantasmeada" como también solían decir, produjo en mis compañeros la necesidad de demostrarme
y explicarme de qué se trataba el BJJ y por qué este arte, y su aplicación
en MMA, era algo "real". En cada entrenamiento, donde yo hacía mis
mejores esfuerzos por defenderme con base en las reglas de esta disciplina
nueva para mí, mis compañeros me mostraban con una rudeza pedagógica por qué consideraban superior su arte. En aquellos breves momentos
donde lograba un mínimo control de las situaciones de lucha, aplicando
algún conocimiento previo acorde a la circunstancia, notaba una cierta
frustración en mis compañeros y un esfuerzo aún mayor en someterme
durante la lucha. Cuando yo mencionaba esto en alguna conversación
que se presentaba, ellos no estaban de acuerdo: "Las fantasmeadas que
hacés no sirven", me decían, "lo que pasa es que sos muy fuerte y te movés
raro". No hubo forma de que pensaran distinto y con cada clase yo fui
adaptándome más al "juego" que la práctica proponía, dejando de lado lo
que me surgía espontáneamente. Con el transcurrir del tiempo, me enteré
de que mi instructor asistía también a clases en el "Perro Fight Club"
(PFC), donde "el Perro", un luchador de MMA local, daba clases de BJJ.
Teniendo en cuenta mi motivación inicial, decidí comenzar a practicar
en el PFC y tener un contacto más cercano con quienes usaban el BJJ en
combates de MMA de forma profesional.

Cuando comencé mi formación antropológica, un tiempo después de
iniciar la práctica de BJJ, reorienté y complejicé mis preguntas iniciales
y mis indagaciones se convirtieron en mi proyecto de investigación.
Esto planteó algunas dificultades. En primer lugar, para ese momento yo
podía considerarme nativo del campo de estudio: tomar distancia de mi
posición personal compartida con el resto de los actores en el campo es
un ejercicio de reflexividad muy difícil. La alteridad, la distancia con el
objeto de estudio, hace más sencillo visibilizar el fenómeno bajo análisis.
Sin embargo, desde el comienzo, mi interés en el BJJ estuvo motivado
por preguntas y por una actitud de curiosidad analítica, al mismo tiempo
que me ponía a mí mismo en una posición de distanciamiento y alteridad debido a mi formación en una disciplina muy diferente. La nueva

orientación antropológica simplemente representaba una reformulación de mis inquietudes iniciales y una aplicación metodológica más rigurosa para reflexionar sobre este campo. El segundo problema era plantear mi proyecto de investigación a los actores del campo bajo estudio, muchos de los cuales eran compañeros desde hacía bastante tiempo. Si bien al interpelar a los actores yo les relataba sobre las inquietudes que me habían acercado al arte, hasta ese momento nunca las había planteado en el marco de un proyecto de investigación profesional. Esto finalmente ocurrió en el 2013, cuando se las declaré abiertamente a "el Perro", cabecilla y dueño del espacio donde practicaba, y posteriormente fui comentándoselas a mis compañeros y a los nuevos actores con los que me fui encontrando con los años.

Este breve relato representa la génesis de mi investigación en el mundo del BJJ. Partiendo de algunos interrogantes, inocentes y anecdóticos si se quiere, en relación con una práctica social como lo son las artes marciales, fui complejizando el objeto de estudio hasta formular una serie de preguntas que, al menos desde mi perspectiva profesional, son significativas antropológicamente.

La configuración de la pregunta

Este libro trata sobre el proceso de aprendizaje del BJJ en una academia del conurbano bonaerense. Es con base en esta experiencia particular donde se van conformar las preguntas de investigación y las respuestas a las mismas. La decisión final de trabajar sobre este tema tiene su propia historia, y es importante presentarla para entender las inquietudes que subyacen así como de la elección de la forma en que este libro ha sido estructurado. A medida que fui introduciéndome en el campo, y sobre todo al comenzar a indagar desde una perspectiva antropológica, las preguntas iniciales se multiplicaron exponencialmente. Pero con el tiempo pude rescatar tres ejes que me llevaron a refinar la pregunta que desembocó en este libro. En primer lugar, el cuestionamiento inicial sobre qué es un arte marcial siguió estando presente, aunque desde un enfoque distinto. Originalmente, la pregunta estaba orientada a buscar una esencia, una definición que caracterice estas prácticas, distinguiéndolas de otras, como por ejemplo el deporte. Con el avance en mi formación, este interés esencialista comenzó a parecerme estéril. Paralelamente, hacia el año 2012, un grupo de investigadores nucleados alrededor de la Universidad de Cardiff inauguraron lo que ellos llamaron "estudios sobre artes marciales". Dentro de ese núcleo de investigación hubo varios debates al respecto de la pretensión de definir el arte marcial. Se presentaron varias definiciones y varios criterios de demarcación, todos bastante criticados y con diversos problemas de aplicación práctica. En este contexto, Paul Bowman, uno de los principales referentes de este grupo de estudio, fue un ferviente impulsor de la idea de que una definición de las artes marciales no era necesaria ni deseable.[2] Desde mi perspectiva personal, sin embargo, y pese a que comparto con Bowman las críticas a la idea de buscar una definición o una esencia, considero que el fenómeno de las artes marciales tiene ciertas características que le dan cierta entidad diferencial. Con esto en mente, la idea que persistió no fue la de encontrar una definición aplicable a todas las artes marciales, sino más bien refinar cierto enfoque teórico que permitiera estudiarlas desde una misma perspectiva. Más allá de esta motivación, cuando uno realiza cierto trabajo de análisis sobre un fenómeno, indefectiblemente toma un posicionamiento para hablar sobre este, pero muchas veces no es explicitado. Por tal motivo es que considero importante la definición y explicitación del marco analítico que elaboré a lo largo de mi trabajo, para que esta perspectiva no quede invisibilizada o naturalizada detrás de la descripción etnográfica. Este marco analítico, que tomó forma recién al término del trabajo de investigación, es presentado en el capítulo uno.

En el marco de esta exploración es que comienza a aparecer el segundo eje motivador para este proyecto, la relación del "cuerpo" y la "mente", dos categorías polisémicas que se encuentran en el sentido común de cualquier hablante contemporáneo, pero que también han sido objeto de intensos debates científicos y filosóficos a través del tiempo. En las entrevistas y prácticas de las diferentes disciplinas que fueron indagadas se prestó especial atención a cómo los actores describían sus actividades corporales: hablaban de "luchar sin pensar" y de "sentir los movimientos del oponente"; al mismo tiempo hablaban de tener "conciencia de cada parte del propio cuerpo" y de poder "leer al oponente en un combate". En suma, un lenguaje contradictorio y metafórico para describir y explicar movimientos y conceptos, que hacía referencia al "pensar" y a la "conciencia", al mismo tiempo que a la independencia del pensamiento en el hacer. La dificultad de explicar de alguna forma refiere a lo com-

---

[2] Bowman (2017) expone sus ideas al respecto del problema de la definición.

plejo del movimiento, a la simultaneidad de muchas cosas, a unas emociones y disposiciones físicas que ocurren en simultáneo y son difíciles de transmitir. Lo expresado lingüísticamente no está desconectado del movimiento pero es un intento de poner en una dimensión narrativa algo que excede la temporalidad lineal y al mismo tiempo que involucra emociones complejas y disposiciones corporales elaboradas que son difíciles de transmitir. Esta ambigüedad, indefinición e inadecuación en lo referido al cuerpo y la mente como categorías descriptivas, me llevó a pensar que este ámbito de las prácticas de artes marciales podía ser un lugar interesante para estudiar el problema del dualismo cuerpo-mente, la idea de que ambas categorías se corresponden con realidades diferentes y separables. Tratar de relatar, de poner en palabras la experiencia de la práctica implica expresarse en el marco de una tradición desde la cual pensamos. Se encara la realidad y se la describe haciendo referencia a ideas sedimentadas en una tradición; el lenguaje, o más bien el uso del lenguaje, está normado por la misma. Entonces, esta ambigüedad, este uso de las metáforas ambiguas y contradictorias para referirse a unas práctica que involucran el hacer con el cuerpo, llama la atención sobre un conflicto entre el hacer y el decir: hay una distancia, una distancia que lleva a una pregunta, como propone Georg Gadamer (Gadamer, 1977). Es esta distancia, esta oposición entre la práctica, la descripción y el pensar racional, el punto de interés para la reflexión. Esto lleva a innumerables incógnitas que van desde la relación entre el pensamiento y el lenguaje hasta cómo se concibe la idea del cuerpo, la relación con el hacer y el pensar y, como consecuencia, la idea de sí mismo (*self*). También nos lleva a la pregunta sobre qué significa conocer. ¿Por qué hay una preeminencia de lo intelectual en el saber cuando hay prácticas que hablan de saberes que exceden los límites de la mente (o al menos de la idea ingenua que uno puede tener de la misma)? Todas estas preguntas están relacionadas con este problema filosófico de larga data, la idea del dualismo del cuerpo y la mente, y en particular el dualismo cartesiano, que es dominante en nuestra tradición occidental.

Es en la práctica de las artes marciales donde se nota este choque entre el decir y el hacer y entre el decir y lo dicho, esta distancia que hay entre lo que se quiere transmitir y lo que se puede enunciar desde un lugar dentro la tradición occidental. Seguramente no es el único campo donde se puede encontrar un espacio para reflexionar sobre este tema, pero este caso tiene particular interés. El imaginario popular piensa a las artes marciales como provenientes del Lejano Oriente, las rodea de mística, de relatos fantásticos y de tradiciones ancestrales. Pero al mismo tiempo las artes marciales aparecen en el mundo moderno encarnadas en deportes de contacto, disciplinas olímpicas, espectáculos televisivos y relacionados con la construcción de la idea del héroe y el guerrero más cercanos a las tradiciones occidentales. Este sincretismo de tradiciones, este *collage* moderno de sentidos y prácticas es en donde el practicante se pone en juego como un todo, tanto su cuerpo como su pensamiento, al mismo tiempo que se zambulle en un mundo exótico y diferente. Es un escenario interesante para ver cómo su tradición normativa entra en conflicto con su "orientalismo", cómo él mismo se convierte en un "otro" frente a su imaginario de una otredad lejana.

Estas reflexiones me llevaron al tercer eje motivador que se convirtió en la pregunta central de este trabajo: ¿cómo uno aprende un arte marcial? El proceso de aprendizaje es el momento en el cual un aprendiz se enfrenta a un mundo nuevo, lleno de preconceptos y expectativas, que a lo largo del tiempo van reconfigurándose y cobrando nuevos significados. Hay cierta analogía entre el aprendiz de una disciplina y el antropólogo que intenta investigar un campo que le es ajeno; la diferencia reside en que el primero desea convertirse en nativo, mientras que el segundo pretende producir conocimiento. Por otro lado, es en el aprender el arte marcial donde uno va llenando de sentido a la práctica y forma sus ideas al respecto de lo que es un arte marcial y pone en juego su persona completa, en "cuerpo" y "mente", en términos dualistas. Por este motivo, indagar sobre este proceso parecía ser un camino que incluía todos los ejes que motivaban la investigación. La pregunta que espero responder al final de este trabajo es: ¿Cómo es el proceso de aprendizaje del BJJ? Siempre considerando el aspecto local y particular que está en el marco de esta investigación, este aprendizaje está situado en el conurbano bonaerense, en un momento muy particular donde el BJJ conforma parte de un fenómeno de trascendencia global como es la explosión de las MMA como espectáculo.

Este libro representa un trabajo etnográfico con un enfoque fenomenológico que compromete al investigador no solo interviniendo presencialmente en el campo, sino físicamente poniendo en juego su aspecto corporal. El objetivo es vivenciar todo el proceso de aprendizaje, interiorización y posterior enseñanza del arte. Se enfoca en lo fenoménico, poniendo especial atención a las perspectivas emocionales y sensoriales. Se parte de la idea de que el investigador es una herramienta de producción de conocimiento en el campo, siguiendo la idea del dispositivo de implicación-reflexividad postulado por Althabe-Hernández (Hernández, Hidalgo y Stagnaro, 2005). Para poder entender el universo completo de los practicantes, se recupera la dimensión simbólica, tradiciones, relaciones de poder y construcciones institucionales que el campo presenta. En cuanto a la relación del mundo simbólico y el cuerpo, se considera, como propone Csordas (2010), que la interpretación semiótica de las prácticas corporales es complementaria al enfoque fenomenológico. La estrategia metodológica que se elige para esta investigación emula a la elegida por Loïc Wacquant (2005; 2006) en su trabajo etnográfico sobre el boxeo. En ese caso el autor, quien también ingresa al campo con preguntas que no tenían que ver con el aprendizaje del boxeo, finalmente opta por describir su experiencia desde sus inicios como aprendiz hasta llegar al boxeo profesional.

Independientemente de la pregunta de investigación y la respuesta que se brinda, este libro se ocupa de un área particular de la cultura, como lo son las artes marciales, donde hay muy pocos trabajos realizados desde una perspectiva académica. Las artes marciales son un fenómeno muy extendido en la cultura popular y existe una gran variedad y cantidad de prácticas extendidas localmente. Sin embargo, desde una perspectiva académica, ha sido poco estudiada en general, particularmente en nuestro país. Esperamos que esta obra sea un aporte que ayude a motivar nuevas investigaciones en esta área.

Hoja de ruta

El libro se desarrolla a lo largo de cuatro capítulos y las conclusiones. Como ya se mencionó anteriormente, el primer capítulo está dedicado a la exposición del marco analítico aplicado en la descripción de la academia estudiada. Este marco es en realidad parte del producto final del trabajo de investigación, sin embargo, es pertinente ponerlo al comienzo ya que le permite al lector entender la perspectiva desde la cual se repone la descripción etnográfica del campo bajo estudio. Es importante por dos motivos: en primer lugar para entender el tipo de cuestiones que se eligen resaltar del campo y por qué; en segundo lugar, le permite al lector analizar críticamente los supuestos que hay detrás de esta perspectiva desde el principio. Por otro lado, este marco analítico puede resultar fructífero para entender y estudiar otros espacios en el campo de las artes marciales. Considero que puede ser un interesante aporte para investigadores que quieran indagar sobre estos temas.

Los capítulos dos y tres presentan la reposición etnográfica del campo en función de las dimensiones descriptas en el capítulo uno. El capítulo dos describe los inicios del trabajo etnográfico y los primeros contactos con el BJJ hasta un punto de quiebre elegido, que fue una gran transformación institucional de la academia. En este capítulo se presenta un breve recorrido histórico del BJJ desde sus orígenes hasta su introducción en la Argentina a partir de fuentes bibliográficas y testimonios. El capítulo tres retoma el relato al comienzo de este proceso de cambio institucional que transformará la forma en que los practicantes piensan el BJJ y que implicará consecuencias en el proceso de enseñanza y aprendizaje. Ambos capítulos dan cuenta no solo de una explicación sincrónica y estática del campo, sino que dan cuenta de las dinámicas y transformaciones ocurridas a lo largo del extenso periodo de trabajo de campo (2010-2016). Es importante recalcar que este relato pone énfasis en el punto de quiebre institucional que separa ambos capítulos, pero que de ninguna forma implica una transición entre dos estados en equilibrio estático. Si bien la academia en cuestión está en continua transformación, elegimos esta estructura del relato con el objetivo de poner en juego las dimensiones analíticas elegidas y mostrar sus variaciones. Es un relato con un objetivo analítico condicionado por las categorías propuestas en el capítulo uno.

Es en el capítulo cuatro donde se tratará específicamente la pregunta de investigación. Con base en el material expuesto en los tres primeros capítulos, se aborda el proceso de aprendizaje del BJJ, la estructura de las clases, las formas pedagógicas y las experiencias corporales. Todos estos aspectos fueron deliberadamente omitidos o tratados superficialmente en los capítulos anteriores con el objetivo de poder tratarlos en más detalle en este último capítulo. La razón detrás de esta estrategia reside en el hecho de que se requiere de todo el análisis previo para poder reconstruir este proceso de aprendizaje. En este capítulo es donde todas las descripciones etnográficas anteriores se ponen en relación para explicar este proceso. El aprendizaje del BJJ está considerado desde una doble dimensión: el aprendizaje y la enseñanza. El desarrollo del trabajo de campo permitió abordar este proceso primero desde la perspectiva de un aprendiz y, con los años, desde el rol de maestro en el arte. De esta forma el trabajo da cuenta de esta transformación del rol en el campo.

Las conclusiones retoman los elementos presentados en los cuatro capítulos anteriores, no para realizar una síntesis, sino para plantear problemas de índole más general y filosófica. El fundamento de esto reside en que se retoma una perspectiva particular del trabajo antropológico caracterizada de forma muy elocuente por Tim Ingold, que sintetiza de esta manera el rol del trabajo antropológico:

> La antropología, como la he presentado, es fundamentalmente una disciplina especulativa. Está emparentada con la filosofía en ese sentido, pero difiere de ella (al menos en cómo es practicada por la mayoría de los filósofos) en el hecho de que hace su filosofar en el mundo, en conversación con sus diversos habitantes en lugar de una reflexión arcana sobre un canon literario ya establecido. (Ingold, 2017: 24)[3]

La respuesta a la pregunta de investigación que guio este trabajo etnográfico puede encontrarse al final del capítulo cuatro, pero el resultado que se buscaba al responder a la pregunta está discutido en las conclusiones. La reflexión sobre el proceso de aprendizaje, la crítica al dualismo, la relación con el entorno y la sociedad contemporánea que realizamos en esta sección, más que afirmar una visión sobre el mundo, apunta a abrir nuevas formas de cuestionarlo e indagarlo, con el fin de brindar herramientas para su transformación.

Una advertencia final: los nombres de las instituciones y personas que forman parte de esta obra han sido deliberadamente alterados para preservar la privacidad de todos los involucrados. También se han cambiado las fechas de varios de los eventos aquí relatados. El objetivo de este libro no es realizar una crónica de sucesos o una historia de un arte marcial. La pregunta antropológica detrás de esta investigación se responde con base en la reflexión sobre los datos empíricos en el proceso de producción etnográfico, sin embargo, la especificidad de personajes e instituciones es anecdótica respecto a las ideas y conclusiones que son fruto de este proceso.

---

[3] Traducción del autor.

Capítulo 1

Artes marciales: una propuesta analítica

Juan tiene 36 años y practica artes marciales mixtas de forma profesional, para lo que se prepara en disciplinas como la lucha estilo libre y greco-romana, BJJ, boxeo y *muay thai*. Entrena seis veces a la semana, dos veces por día, da clases en tres turnos diarios y ahora se está enfocando para su próximo combate en el Luna Park.

Es un domingo de primavera. Margarita se acomoda su saquito símil seda con motivos florales y cuellito estilo Mao y se prepara para dar una clase de *taichí* gratuita para jubilados en una plaza de Belgrano. En la semana pasa su rato estudiando chino mandarín, medicina tradicional china y repasando sus "formas"[1] de *taijiquan*.

Estamos en el pasillo de las oficinas de un banco, nos tomamos un rato para descansar luego de que una emergencia con los sistemas de comercio exterior haya dejado sin poder operar todo el día. Mientras tomamos un café, Manuel, el gerente a cargo del área, me cuenta cómo empezó a practicar karate tradicional hace ya unos años. Conoce a mi instructor de BJJ porque ambos son bailarines de *swing*. Cuando se lo cuento al *mestre*,[2] quien trata de ocultar cierta sorpresa ante el hecho de que yo sepa que baila *swing*, me dice: "¡Viste! ¡Estamos en todos lados, es como el club de la pelea!".[3]

Estos personajes, en apariencia tan dispares, tienen en común el hecho de que todos se reconocen como practicantes de artes marciales.

---

[1] Termino nativo que se le da genéricamente a las secuencias preorganizadas de movimientos que encadenan técnicas con la finalidad de aprender los movimientos, transmitirlos y, a veces, como en el *taijiquan*, con la intención de poder obtener algún beneficio en la salud debido a la coordinación del movimiento con la respiración y el balance de la "energía".

[2] Nombre nativo que se le da al instructor graduado en la práctica del BJJ.

[3] En referencia a la película protagonizada por Brad Pitt y Edward Norton.

Este trabajo se va a enfocar específicamente en el proceso de aprendizaje de la práctica del BJJ. Sin embargo, esta disciplina es reconocida como un arte marcial que se practica como deporte, motivo por el cual es importante abordar en primer lugar qué entendemos por arte marcial y por qué. Como mencioné en la introducción, el presente capítulo constituye un esfuerzo por explicitar el marco analítico que fui construyendo para abordar el análisis etnográfico. El objetivo no es brindar una definición general de "arte marcial" ni agotar todos los aspectos que puedan surgir del estudio de estas disciplinas, sino esclarecer cuál fue el marco conceptual que fui refinando a lo largo de la investigación. Se tratará de explicitar y fundamentar la perspectiva desde la cual se produce conocimiento, no del intento de capturar la esencia del arte marcial. En este sentido, comparto la posición de Paul Bowman al respecto de la no necesidad de encontrar una definición de las artes marciales (Bowman, 2017),[4] sin embargo, es importante explicitar los presupuestos detrás de la mirada del investigador. Estos presupuestos no son una limitación, sino una forma de ordenar la experiencia para producir conocimiento desde algún lugar concreto. Las categorías propuestas a continuación permiten caracterizar el campo y dar cuenta de forma ordenada de varios aspectos de un fenómeno complejo y multifacético como lo son las artes marciales. Insistimos por tanto en que no se intenta definir el objeto sino proponer una perspectiva de análisis del mismo, a los fines de que pueda servir como marco analítico para el abordaje de otras artes marciales o estudios comparativos.

El presente trabajo constituye el resultado no solo de las experiencias del investigador dentro del campo del BJJ, sino también de entrevistas y de la práctica misma de diversas disciplinas consideradas artes marciales y/o deportes de combate[5] por parte del investigador. Asimismo, se realizó una amplia revisión de la bibliografía propia del campo (manuales, revistas y material de difusión) así como también de la bibliografía especializada en el tema. También se debió recurrir a las redes sociales, que fueron escenario de encarnizados debates sobre aquello que los actores consideraban qué debía ser o no un arte marcial.

[4] "A menudo, la creencia en la necesidad de una definición es una forma de aceptación tácita de cierta forma, modo o registro de que el discurso académico es el método apropiado o necesario. De hecho, podría decirse que se reduce a la creencia de que el único o la mejor forma de trabajo académico es el científico, y que la ciencia parte de definiciones" (Bowman, 2017: 13). (Traducción del autor)

[5] Estas incluyen: *wushu, taijiquan*, karate, judo, lucha olímpica, *kickboxing, muay thai*, MMA y combate medieval (*bohurt*)

Al abordar el campo de estudio una pregunta legítima a realizar es: ¿Qué es un arte marcial? Y la respuesta, como en todo pedido de definición, no es algo sencillo, claro y distintivo, indisputado, estable, homogéneo, coherente, consistente o cualquier otro adjetivo que satisfaga a nuestra razón analítica. Sin embargo, la pregunta es muy productiva porque dice mucho sobre quien la responde, habla sobre los presupuestos y prejuicios que se tienen al pensar una disciplina particular. John Clements, un experto en artes marciales renacentistas, dice que "todo el mundo 'las reconoce' cuando las ve, pero cada cual tiene su definición sobre lo que son" (Clements, 2009). Sin embargo, esto no parece ser tan sencillo ya que los mismos actores se refieren a su propia práctica como arte marcial y como deporte, a veces oponiendo ambas categorías y otras superponiéndolas. Para sumar más confusión y polisemia, aparecen otras oposiciones, como artes marciales tradicionales y modernas, internas y externas, negocios y prácticas "auténticas", realismo y simulación, aplicación y competencia, violencia y no violencia, entre otras. Más aún, muchas veces ni siquiera es posible basarse en esta simplificación de opuestos, dado que los discursos de los actores se mezclan, cambian, pierden relevancia o se vuelven determinantes y taxativos. Sin embargo, aparecen algunos conceptos comunes que permiten trazar tenues líneas demarcadoras o caracterizar al menos un "parecido de familia" como proponía Ludwig Wittgenstein (1988: 32-33) para los "juegos del lenguaje". David Jones (2002: 1), en un trabajo pionero sobre las artes marciales, creía posible dar una definición de las mismas. En una línea similar a la de Wittgenstein, propone una definición de tipo síndrome (*syndrome-type*), donde se brinda una serie de elementos o caracteres que pueden o no estar presentes en una práctica concreta, pero en caso de observarse algunos de ellos entonces podemos hablar de un arte marcial. Su propuesta es abstraer elementos comunes de diferentes prácticas a las que él considera artes marciales para poder luego decir que algo es o no un arte marcial.[6] Sin embargo, como ya observó Martínez Guirao (2013: 64-65), Jones considera que no todos los elementos que él señala tienen que estar presentes para llamar a algo arte marcial, lo cual convierte al criterio en una herramienta imprecisa a la hora de considerar una práctica como arte marcial. Más recientemente, Sixt Wetzler ha propuesto una aproximación

---

[6] Las categorías propuestas por Jones son: *kata* (formas o coreografías), énfasis en el combate, ritual, repetición de técnicas y *drills, sparring,* entretenimiento, búsqueda de poder interior, jerarquía de practicantes y conexión con las élites sociales.

basada en la teoría de los polisistemas que Itamar Even-Zohar propone para la literatura y los estudios culturales. En este caso él va a proponer cinco dimensiones de sentido asociadas a las prácticas de las artes marciales. Estas dimensiones representan un conjunto de patrones recurrentes que se encuentran en las artes marciales puestos en perspectiva de forma tal que permitan describir con precisión un estilo u arte particular. La discusión en este caso no pasaría si estas dimensiones se encuentran o no en un arte marcial bajo estudio, sino cómo se encuentran (Wetzler, 2015: 25).[7] Nuestra propuesta es en parte heredera de estos esfuerzos analíticos anteriores. Las categorías que a continuación proponemos parten desde la experiencia de los mismos actores, no de abstracciones analíticas. Tampoco se basan en las definiciones que los mismos actores dan, sino que atienden a los temas que son relevantes en la práctica y los discursos en los que se ven involucrados. Para abordar el análisis de una práctica concreta, no nos preocupa si un elemento está o no presente, sino, al igual que con la propuesta de Wetzler, en *cómo* está presente. Así, no podemos afirmar que un arte marcial *sea* el conjunto de las categorías propuestas, pero sí podemos describirla a partir de cómo se dan las diferentes categorías dentro de la misma. Pero estas categorías no pretenden conformar un sistema descriptivo, que es la principal crítica que Bowman realiza a la prepuesta de Wetzler, retomando las ideas de Derrida, Laclau y Mouffe (Bowman, 2017: 15). Podemos considerar las artes marciales como un discurso con ciertos tópicos persistentes que son relevantes para los mismos actores y van cambiando a través del tiempo.[8] Dentro de cada tópico se presentan diferentes discursos que circulan con variada fuerza y persistencia y que son parte de la conformación de lo que se entiende por arte marcial. Estos tópicos pueden incluso cambiar en el tiempo de forma tal que lo que ahora entendemos como tema relevante dentro de un arte marcial en el futuro deje de serlo. Las artes marciales pueden ser "logros discursivos" como afirma Bowman o, siguiendo a Laclau, "puntos de estabilización transitoria" (Bowman, 2017: 17), pero eso no impide que se pueda buscar un marco analítico para abordarlas en un momento particular comprendiendo las limitaciones y el alcance del mismo. Las artes marciales, en el sentido en que las entendemos, son un fenómeno

[7] Las cinco dimensiones propuestas por Wetzler son: preparación para el conflicto violento, juego y competición deportiva, *performance* y objetivos trascendentales.

[8] La tesis que propongo es una reformulación de la perspectiva inicial presentada en Buccellato (2014) y que fue plasmada en mi tesis de grado en el 2018.

moderno; es claro que transpolar cualquier propuesta teórica muy atrás en el tiempo sería anacrónico, y aunque llamemos artes marciales a las prácticas del pasado, no vamos a estar refiriéndonos al mismo fenómeno. La otra crítica que Bowman realiza al abordaje de Wetzler es el hecho de que, al concebirla como un sistema en donde las partes interactúan de forma armónica, se pierde la dinámica relacional de los discursos. De esta forma, es importante resaltar que en nuestro caso las categorías no se presentan aisladas y claramente demarcadas, sino que establecen relaciones entre ellas, unas se explican con base en otras. Conforman una estructura donde cada una sostiene a la otra en el entramado propio del arte marcial. Esa estructura soporta múltiples abordajes y cualquiera de las categorías se puede tomar como principio explicativo para abordar las otras. Los aspectos propios de la tradición, por ejemplo, refuerzan ciertos tipos de prácticas en relación con el *ethos* del arte marcial y al tipo de sujetos que producen. Entonces, para entender el *ethos* específico hay que entender qué relación se establece con esa tradición. Pero también podríamos, a partir de las transformaciones del *ethos* marcial, explicar cómo se conforma y se transforma la tradición de una disciplina. Analizar las artes marciales desde esta propuesta teórica no solo se presenta como un aporte para posibles estudios comparativos, sino que permite describir las transformaciones y analizar diferentes momentos del mismo arte o las continuidades y discontinuidades entre artes relacionados.

Aclarados estos puntos, frente a la pregunta principal que hace Bowman de para qué querríamos contestar a la pregunta "¿qué es un arte marcial?", o dar una definición de esta, la respuesta sería: "para poder hablar de quien contesta esta pregunta". Esta propuesta se fue formando en el trabajo de campo de forma hermenéutica. Desde esta perspectiva, los prejuicios e ideas previas son el punto de partida para la reflexión, los cuales van modificándose con el devenir de la experiencia etnográfica. El objetivo de este capítulo es la explicitación de la mirada teórica que desarrollamos y que luego será aplicada al estudio particular del BJJ. En términos cronológicos, este marco fue coconstruido con el trabajo de campo. Elegimos para esta presentación invertir el orden cronológico y presentar primero este marco analítico, que solo fue terminado al final del proceso. Esperamos que de esta forma el lector pueda entender desde el punto de partida cómo vamos a reponer el campo y con qué supuestos e ideas operamos. A continuación, se desarrollarán las categorías que conforman el marco analítico.

Orientación al combate y la modalidad antagónica: el elemento agonal

Cuando desde el sentido común se piensa un arte marcial se lo asocia de forma inmediata al combate, seguramente influido por la televisión y el cine. Para un practicante de arte marcial el combate es un aspecto más, para algunos central, para otros casi anecdótico; pero la idea de que las técnicas aprendidas tienen o tuvieron una finalidad para el combate está presente, al igual que la certeza de que las mismas técnicas serían efectivas de ser necesario usarlas. Si este supuesto se pierde, probablemente el arte se considere una danza o una gimnasia, como por ejemplo sucedió con las danzas femeninas con espadas que se convirtió, alrededor del siglo VIII d. C., en algo puramente ornamental (Lorge, 2012: 120). Carlos, uno de los más antiguos practicantes de kung-fu en la Argentina, uno de los pioneros en Sudamérica y el primero en el país según sus propios términos, nos decía lo siguiente:

> La finalidad es importantísima para decir: "Esto no es una danza". De hecho a mí me venía gente y me decía, "la danza, la danza" en la época de los 70, cuando todavía había hippies, venían a practicar los hippies y lo llamaban "la danza" y yo los quería matar, más o menos. Porque decir "la danza", no porque la danza sea algo que esté por debajo de eso, sino que no tiene que ver con eso porque la finalidad no es la misma. La danza es expresión, uno que expresa algo nada más, lo otro [el arte marcial] es para internamente estar haciendo un trabajo de atención dirigida, de intencionalidad en el movimiento. Cargar un movimiento de intención. No hacer [solo] el movimiento: esto [realizando el movimiento] no es llevar el puño hacia adelante, no, "esto es un puñetazo", lo cargo de intención de puñetazo. Lo cargo de intención de que si tuviera un tipo adelante en este momento esto sería eficiente como puñetazo. No estoy simplemente haciendo un movimiento hacia el frente con el puño.

Que el practicante sea consciente o no de que las técnicas son para atacar o defender o que se usen o no para tales fines es relevante para algunos, pero no para todos. Lo que sí parece ser una constante es que esas funciones deben haber estado presentes al menos en un inicio. El momento fundacional, por cercano o lejano que se busque, debe haber considerado los aspectos relacionados con el combate.[9] El *taijiquan*, caracterizado por movimientos suaves, practicado por lo general sin atención al aspecto combativo y con funciones meditativas o espirituales, es un arte marcial para sus practicantes.[10] El *tae bo* y sus disciplinas anexas, que usan movimientos de las artes marciales pero que fueron pensadas como disciplina de *fitness*, no constituyen un arte marcial desde la perspectiva de los practicantes. La idea del combate se presenta de forma mucho más marcada en las afirmaciones de varios practicantes de BJJ, para quienes todo el propósito del entrenamiento se enfocaba principalmente en ser combatientes efectivos. Esta idea ya ha sido observada anteriormente por varios académicos que han prestado atención al fenómeno de las artes marciales.[11]

Que la práctica esté orientada al combate tiene dos implicaciones. En primer lugar, el aspecto agonal. Tanto en la *performance* como, obviamente, en la práctica del combate en sí, la idea es que hay una disputa entre dos o más que están enfrentados y que tratan de dominar, someter o destruir al otro. Persiste la idea de que es una práctica asociada a la resolución de un conflicto en términos violentos. Esta idea está presente aun cuando los combates son competencias o prácticas amistosas: lo que se quiere demostrar es que el practicante es capaz de resolver un potencial conflicto real a través de la violencia física. Discutiremos este aspecto relacionado con la violencia y su regulación más adelante. En segundo lugar, el hecho de que es una práctica antagónica. Independientemente de lo colaborativo que pueda ser el entrenamiento, donde el practicante "le presta el cuerpo al compañero",[12] o en las *performances* incluso de más de un participante, como el *duilian* en kung-fu, los cuerpos deben enfrentarse, debe entenderse como que hay una oposición de uno con otro. Luchar implica reaccionar a los movimientos del otro acompañando u oponiéndose al movimiento, pero claramente no colaborando para un

---

[9] Por ejemplo, Alejo, profesor de karate, al relatar los orígenes míticos de las artes marciales, habla de que en un comienzo lo que se practicaba no eran artes marciales: "No es marcial, es como una yoga", pero se convirtieron en eso cuando se transformaron en técnicas para mejorar la eficiencia en combate. Esto es lo "marcial" de "arte marcial".

[10] Ver Bizerril (2015) y Frank (2006).

[11] Figueiredo (2009: 2), Jones (2002: 11) y Lorge (2012: 20), para mencionar solo algunos.

[12] Afirmación hecha por Ángel, profesor de judo.

fin común. Esto es algo que en la experiencia de la lucha se puede percibir distinto a lo que sería una danza coordinada.

Lo significativo de esta categoría analítica es que las diferentes artes marciales van a tener diferentes posicionamientos sobre la centralidad o no de esta orientación al combate. Tanto en el discurso como en las prácticas esto constituye un elemento diferencial y que se va a poner en oposición a cómo otras artes conciben el combate. Además, esta categoría es parte de lo que los diferentes entrevistados ponen en juego para considerar a algo un arte marcial o no. Por ejemplo, en una discusión en Facebook sobre qué significa ser "campeón en formas"[13] (un aspecto central en varias artes "tradicionales"), un grupo de practicantes de *muay thai*, lucha olímpica y BJJ intentaba deslegitimizar a las artes que se centran en la práctica de formas con expresiones del tipo: "Profesor de geometría: campeón de formas", "Es solo show", "Es paresido (sic) a las danzas árabes pero con golpes al aire", "Jajajajajaajaja hay que mandarlos a Showmatch jajajajajaaj", "¡Es como ir a un Telo solo!", "¡Para aprender a pelear hay que pelear no bailar!". Quienes defendían la legitimidad de la práctica de formas, por su parte, enfatizaban la posibilidad de practicar técnicas de manera autónoma y de fijar movimientos que esta permitía. En efecto, en prácticas como el *taijiquan*, la centralidad pasa por la correcta ejecución de los movimientos y la coordinación con la respiración y el estado mental, independientemente de la "aplicación marcial" de estos. De esta forma, vemos que la orientación al combate es claramente un punto central en la definición de una práctica como "arte marcial".

Regulación de la violencia

En relación con la orientación al combate, encontramos otro elemento de relevancia: la regulación de la violencia. Aun cuando la práctica del arte se oriente a buscar alguna finalidad "espiritual" o "armonizante", hay una relación entre estas prácticas de combate como medio de adquirir una predisposición no violenta. Carlos, también pionero en el *taijiquan* en la Argentina, mencionaba que con la práctica uno interioriza los aspectos

---

[13] Término nativo que se le da genéricamente a las secuencias preorganizadas de movimientos que encadenan técnicas con la finalidad de aprender los movimientos y transmitirlos y, a veces, como en el *taijiquan*, con la intención de poder obtener algún beneficio para la salud, debido a la coordinación del movimiento con la respiración y el balance de la "energía".

de la "filosofía" que está detrás del arte marcial, sea consciente o no de ellos, y que de esa manera es que logra adquirir un equilibrio que le da una armonía mental para controlarse. Con el entrenamiento, el practicante debe poder ejercer la violencia controlada para, de ser necesario, lastimar a su oponente.

Si bien no pretendemos saldar el tema de la violencia y su regulación en este trabajo, podemos estudiar cómo conciben la idea de violencia los mismos practicantes. Juan, un reconocido practicante de artes marciales, nos dice:

> Nunca fui violento, muy pocas veces me peleé y entreno desde los nueve años, pero a los nueve años era muy travieso y sí me agarraba a piñas todos los días, pero como pibito me crié en Ciudadela, barrio jodido. Era normal jugar a la pelota y cagarse a piñas. Era el deporte de los chicos. Y como se iban a quejar mucho en mi casa de que yo hacía cagadas, y en la escuela también, me mandaron a taekwondo para que me calme y santo remedio. Es como que tenía un exceso de energía que lo canalicé por ahí. Pero violento no… no era malo, no.

Vemos claramente que ser violento está atribuido a un carácter moral: "ser malo". Pero esto no es lo único que hay al respecto. Federico, un practicante de BJJ, alumno de Juan, afirma que "sos violento cuando luchás enojado"; en este caso la violencia se asocia a un sentimiento particular hacia el otro. Por lo cual si quisiéramos elaborar una explicación sobre lo que se define como violento para los participantes deberíamos analizarlos desde más de una de las categorías analíticas propuestas. Entonces, para entender a qué nos referimos con regulación de la violencia debemos definir "violencia" para este fin y no en términos de los practicantes. Probablemente el concepto de "violencia" como es entendido por estos cambie contextualmente y a través de los diferentes campos. En este caso creo que es útil trabajar con el concepto de "violencia como recurso" (Garriga Zucal, 2015), es decir, la capacidad de poder resolver un conflicto a través del uso de la fuerza, ya sea a modo de persuasión o para aniquilar al otro, y la legitimidad de su uso y los contextos donde es posible aplicarla (cuándo, quiénes y en qué contexto se puede hacer uso de la violencia de manera legítima desde la perspectiva social, moral y legal). Así, con el término "violencia" nos referiremos en este contexto a toda idea que implique no solo esta legitimidad, sino la construcción de la idea de una aplicación "efectiva" de esta. Esto es, todas las prácticas que lleven, en términos de los practicantes, a una capacidad potencial de hacer daño a un tercero. Es la violencia domesticada a la que se refiere Loïc Wacquant (2006: 225) cuando habla del boxeo:

> No se alimenta de una violencia súbita, imprevisible y temida, sino de una violencia deseada, planificada, autoinfligida, consentida, puesto que está controlada. Domesticada. Olvídense del ring: es en la penumbra anónima y banal de la sala de entrenamiento, refugio y altar, donde se forja el boxeador.

La regulación de la violencia es entonces cómo la práctica regula la legitimidad del uso de la violencia como recurso y al mismo tiempo cómo hace ese recurso más eficiente en términos de resultados reales o potenciales. Es parte de lo que se transmite en la enseñanza y está ligado de forma muy cercana al *ethos* del artista marcial que será discutido en breve. Como nos dice Alejo, quinto dan de karate e instructor: "Vos preparás una persona y es una máquina, es una máquina letal, pero vos tenés que enseñarle que eso es para él", y también: "El arte marcial te da un arma para poder matar una persona". Es en esta idea nativa del "arte marcial como arma" donde encontramos aplicada la violencia como recurso, siendo su regulación el proceso de enseñanza/aprendizaje de su significado y de su uso legítimo.

Relación pedagógica

En las dos categorías presentadas hasta ahora podemos ver claramente cómo el rol del maestro, instructor o entrenador aparece como central para el proceso de transmisión del arte marcial de una generación a otra. Si bien pueden encontrarse puntos de contacto, cada disciplina, cada institución e incluso cada lugar de práctica construye una relación pedagógica particular. Esta relación, por lo general jerárquica, excede la mera transmisión de conocimiento técnico y se muestra central como principio de explicación para muchos fenómenos observados. Por otro lado, es casi determinante como forma de reproducción y transformación del arte de una generación a otra. Quien oficia de maestro tiene por un lado un rol de revelador de saberes ocultos que están inscriptos en las prácticas colectivas, pero muy particularmente en su propio "cuerpo-sujeto".[14] "Para poder enseñar lucha es vital haberla practicado", nos

[14] Ver la categoría correspondiente.

dice Francisco, entrenador de lucha olímpica, y agrega al respecto de los saberes transmitidos por libros o videos: "Si no la hiciste (la técnica por aprender) o no la viviste, es muy difícil sacarla porque lleva otra complejidad". Juan, si bien con una idea distinta sobre los dispositivos materiales de transmisión de conocimiento, claramente resalta la importancia del instructor a la hora de enseñar:

> Antiguamente era como que en las artes marciales las técnicas eran lo más valioso. El que tenía el conocimiento es el que tenía lo más valioso. Entonces el tipo que tenía el conocimiento, ¿qué hacía? Lo distribuía de a gotas... ¿para qué? Para seguir estando él en la cima y seguir haciendo de eso un negocio o ganar respeto o ganar algo. O fama o plata. Hoy por hoy, en la época de la globalización, donde hay redes sociales, YouTube, vos pones "técnicas" y hay millones. Millones de técnicas... me pongo en el lugar del tipo que no sabe y empiezo a trabajar sobre técnicas de movimientos básicos, como para que él al toque pueda luchar. Para mí lo más importante del BJJ es luchar, no la técnica.

Aun concediendo la legitimidad del aprendizaje técnico no mediado por un instructor, poder "luchar", es decir, realizar lo que se considera central para el arte, requiere de la mediación del instructor.

Pero no solamente el instructor se puede ver con este rol de develador de saberes sino como un objetivador cultural en los términos que propone Csordas. Este autor, en sus trabajos sobre la posesión religiosa, propone la idea de que el sanador le da el nombre al fenómeno que experimenta el poseído. Es decir que la víctima lo único que tiene es un sentir, una experiencia: el objeto se convierte en tal con el acto de nombrarlo (Csordas, 1990: 14). De la misma forma que el sanador le pone nombre a las cosas, es el instructor quien, como mediador cultural, "crea objetos". "La forma lingüística y el contenido transmitido no pueden separarse en la experiencia hermenéutica. Si cada lengua es una acepción del mundo, no lo es en tanto en su calidad de representante de un determinado tipo de lengua (que es como considera la lengua el lingüista) sino en virtud de aquello que se ha hablado y transmitido en ella" (Gadamer, 1977: 529), y es justamente el instructor el que guía al alumno en este proceso hermenéutico y lo pone en contacto con toda la tradición propia de la disciplina y le pone el nombre al fenómeno que el alumno experimenta, crea el mundo en el proceso de aprendizaje. Pero no es solo el nombrar como enunciado lingüístico, sino que implica una relación profunda con el cuerpo, es nombre, movimiento, sensación y contexto (Wacquant, 2006: 253). Manuel[15] resumía todo esto diciendo lo siguiente: "El arte no depende del nombre (del arte) sino del maestro".

Al mismo tiempo es este instructor el encargado de transmitir el conjunto de valores que se considera propio del arte y formarlo más allá de la ejecución técnica.[16] Cuando Manuel mencionaba que hay que enseñarle al alumno a ver qué significa para él la capacidad de ejercer violencia, agregaba: "Se va formando día a día enseñándole valores, compartiendo con otras personas... pero el objetivo del maestro o del instructor tiene que ser ese. Ese es el verdadero arte". Y esto depende fuertemente del vínculo establecido, como Manuel también nos ilustra: "Entonces el maestro, mientras el alumno va a recorriendo ese camino de la fuerza, lo va conociendo como persona y ahí es donde ve si es una persona confiable para enseñarle ciertas cosas, lo va como controlando". La transmisión de los valores está relacionada fuertemente con lo que cada instructor considera que es el arte y cómo debería ser un artista marcial. Esto está reflejado en lo que podríamos llamar el *ethos* marcial, que trataremos en el próximo apartado.

Ethos marcial

Si consideramos entonces las categorías anteriores, veremos que las mismas se materializan en la persona del practicante. Es en ese lugar donde la idea de que es un buen "artista marcial" se hace concreta. Cada arte marcial tiene una idea más o menos precisa acerca de qué sujetos debería producir, representada por un conjunto de principios y valores que el practicante debe respetar. El *ethos* configura una forma de desarrollarse en la vida, no es simplemente una guía para el combate o para la situación de lucha. Lo que se busca es "un estilo de vida". Por ejemplo, veamos lo que Juan Ramón, un instructor de BJJ, manifiesta en un perfil de redes sociales:

El *jiu-jitsu* es más que un arte marcial, más que un método de defensa personal, más que una disciplina deportiva. El *jiu-jitsu* es una filosofía

[15] El especialista en sistemas y practicante de karate a quien ya presentamos hacia el comienzo del capítulo.

[16] Si vemos en la obra de Wacquant el rol de Dee, como instructor y referente, y su relación con los boxeadores, veremos que la relación excede lo técnico e invade otros aspectos de la vida privada de los boxeadores, a veces muy a su pesar.

de vida, un camino marcado por la disciplina, el respeto, el tremendo sacrificio que implica entrenar hasta los límites físicos, pero a la vez lleno de satisfacciones, donde puedes encontrar cosas tan inexplicables como paz, amigos, respeto, educación, salud y lo más importante: una nueva familia. Oss.

Pero esto no es solo una reflexión sobre la propia disciplina, sino que es un elemento importante usado para presentarse ante el resto del mundo. En un panfleto promocional encontramos la frase: "No solamente un estilo de pelea, sino un estilo de vida". El artista marcial ideal, aquel que es el "representante" del arte, es aquel que hace de la práctica una actividad de tiempo completo, algo siempre presente en todo momento de su vida. Alejo (comunicación personal, 13 de mayo de 2017), al contarnos sobre los distintos niveles de involucramiento en la práctica, nos decía lo siguiente:

> El estudiante es el que viene y cumple el horario, lo toma como un deporte o algo más, no es lo importante de su vida. En ese momento es importante. El alumno viene a la clase un poco antes, se va un poco después, pregunta y se interesa por trabajar solamente esa hora. Todavía no le está dedicando mucho tiempo. Está como si fuese ahí. El discípulo (…) es el que practica esa hora, pero durante el día sigue pensando como para entrenar (…). Un artista marcial está todo el día con eso. No es que está todo el día entrenando, está todo el día dedicándose a eso porque es como si fuese una forma de vida.

La idea de "estilo de vida", "filosofía de vida" (y en otros testimonios también "camino marcial") involucra una forma de comportarse en la vida. Desde esta perspectiva normativa, un artista marcial debería realizar todas las actividades de su vida como un artista marcial, siguiendo un código de conducta y teniendo una actitud determinada ante las circunstancias de la vida. En muchas referencias, en particular de artes marciales japonesas, este código se identifica como el *bushido*,[17] el camino del guerrero, pero muchas veces se expresa exteriormente simplemente como máximas de conducta o reflexiones morales. Por ejemplo, veamos nuevamente una

---

[17] Un código que, según la creencia popular, corresponde a tradiciones antiguas del Japón, pero que en realidad ha tomado protagonismo a partir de la última década del siglo XIX a partir de las corrientes nacionalistas y modernizadoras del Japón (Benesch, 2011).

reflexión extraída de las redes sociales y comentada por practicantes de diversas disciplinas:

> La diferencia entre un *dojo* y un gimnasio es la misma que entre un *sensei* y un entrenador: la misión de formar personas íntegras más que atletas y obtener valores más que medallas.
>
> Nuestro objetivo es promover en los alumnos el respeto, el valor, la honestidad, la fortaleza, la disciplina y la responsabilidad. Creemos que los alumnos deben obtener una visión real de la vida a través de la práctica de las artes marciales. Saber que las metas se alcanzan luchando, que la vida no es siempre justa y no es siempre fácil. Que algunas veces se gana, otras se pierde y las derrotas son aprendizajes, que siempre debemos conservar la dignidad, la humildad y el respeto a nosotros mismos y a los demás.
>
> En las artes marciales lo importante es el *do*, el camino, el aprendizaje constante, el proceso de mejorarnos siempre a nosotros mismos. Si nos concentramos en el *do*, los objetivos se cumplen y las metas se alcanzan. Igual sucede en la vida.

Respeto, valor, honestidad, fortaleza, disciplina, responsabilidad, sacrificio, dignidad, humildad, aprendizaje continuo y una cierta abnegación para aceptar las circunstancias son algunos de los valores que suelen ser significativos para diversos practicantes. El contenido específico y la modalidad que van a tomar estos valores serán cuestiones específicas de cada espacio de práctica particular y la relación que se establezca entre las otras categorías (por ejemplo, el tipo de regulación de la violencia, el instructor, la institución a la que pertenecen, la relación con la tradición de la que vienen). En cada caso encontraremos variaciones sobre el tipo y la importancia de cada uno de los valores involucrados, sin embargo siempre estarán presentes en las discusiones. También veremos en el ejemplo precedente la clara intención que hay de diferenciar la práctica de un deporte. Es el *ethos* una de las categorías que se presentan como diferenciales. En particular esto se va a plantear como un intento por superar "el ego", poner a la persona en segundo lugar. El éxito en la competencia no debería, al menos en el plano discursivo, ser el foco de la práctica. La idea está más o menos presente en los practicantes de las diferentes artes con las que se trabajó, sin embargo el acuerdo general es que cuanto más valor se le da al aspecto del triunfo personal más cerca se está del deporte.

> En Okinawa se dice que una persona que practica karate quiere estar en segundo lugar. El primer lugar es para las personas que tienen ego. El verdadero karateca siempre cede el lugar, está al servicio de los demás. Está tan bien con su vida interna que puede ayudar a los demás. (…) Ahí es cuando te das cuenta de que el arte, como nunca el objetivo de la competencia o de ganar, es un objetivo individual, cualquier persona puede hacerlo. Está buscando el logro de él, sentirse el mejor. Nada más. El arte marcial es una camino personal". (Alejo)

> "(…) Los que hacen artes marciales mixtas tomaron las formas, quizás las más eficaces, que tiene cada arte marcial, porque quizás está focalizado en un cierto tipo de técnica. (…) Tomaron lo que mejor les servía de cada arte marcial, para hacer un método de lucha que puede llegar a ser practicado como deporte, es decir, para competición. Las artes marciales, esa es otra diferencia que podríamos marcar. Las artes marciales no tienen como finalidad la competición. No es vencer a otro, es vencer los límites que uno mismo puede tener. Eso podría ser también para marcar qué es un arte marcial. (Carlos)

De esta forma, el *ethos* propio de cada arte marcial se intenta diferenciar del deportivo en este eje clave de la subestimación de la competencia y el ego. Sin embargo, esta demarcación, en la práctica, nunca es del todo clara aun dentro de la misma disciplina e incluso dentro de los mismos espacios de práctica. La competencia, el triunfo sobre el otro, propio de la orientación al combate, se vuelve determinante muchas veces para reconocer a un "buen artista marcial" de otro. Por otro lado, quienes promueven las prácticas deportivas muchas veces no están en contradicción con esta idea y promueven la participación y la práctica como la virtud por alcanzar y no la competencia y la victoria. Pero aun coincidiendo en muchos puntos, por lo general los artistas marciales intentan demarcar una frontera entre "arte marcial" y deporte. Esta frontera tendrá en cada espacio sus características propias que dependerán de la historia particular, la tradición disciplinar y la construcción institucional a la que estén asociadas.

Un concepto interesante para describir la idea que los practicantes tienen sobre el proceso de convertirse en artista marcial y el *ethos* que marca este camino es el de *bildung*, tal como lo entiende Gadamer en *Verdad y método*, y que podemos traducir como "formación". El término alemán *bildung* significa la cultura que posee el individuo como resultado de su formación en los contenidos de la tradición de su entorno. *Bildung* es tanto el proceso por el que se adquiere cultura como esta cultura misma en cuanto patrimonio personal del hombre culto.[18] Gadamer va a retomar a W. von Humboldt cuando llama *bildung* al "modo de percibir que procede del conocimiento y del sentimiento de toda la vida espiritual y ética y se derrama armoniosamente sobre la sensibilidad y el carácter" (Gadamer, 1977: 39). En este sentido, el artista marcial y el camino de interiorización del *ethos* marcial pueden ponerse en relación con esta idea de *bildung* como resultado y como proceso. Al mismo tiempo Gadamer también menciona que con el *bildung*

> uno se apropia por entero de aquello en lo cual y a través de lo cual uno se forma. En esta medida todo lo que ella incorpora se integra en ella, pero lo incorporado en la formación no es como un medio que haya perdido su función. En la formación alcanzada nada desaparece, sino que todo se guarda. *Bildung* es un concepto genuinamente histórico. (Gadamer, 1977: 40)

Como veremos a continuación, la idea de tradición va a jugar un papel preponderante en la forma en la que se interioriza este *ethos* marcial: toda tradición se desarrolla en un medio que se la apropia.

Tradición

La idea de una pertenencia a una tradición en la práctica de las artes marciales es otro eje importante. Nuevamente podemos encontrar grandes diferencias entre las diferentes disciplinas, sin embargo, de alguna forma u otra, los practicantes guardan una relación con la historia de su arte, ya sea para mostrar la continuidad o el quiebre con el pasado. Es en este punto que las distintas disciplinas se van a autodefinir como "tradicionales" o "modernas". La idea de un origen remoto (cuanto más remoto mejor) para el arte y las proezas de "héroes" del pasado (los monjes Shaolin, Miyamoto Musashi, los samuráis, Bodhidharma, etc.) son características de las artes "tradicionales". Más aún se encuentra presente en los discursos de los actores la idea de construir una continuidad ininterrumpida hasta

[18] Para el criterio de traducción sigo lo expuesto en Gadamer (1977: 38).

el origen remoto, con el doble propósito de resaltar una evolución y perfeccionamiento progresivo, por un lado, y la idea de pureza original, por el otro. Muchas de estas construcciones tradicionales se basan en relatos más o menos contemporáneos o "leyendas" sin sustento histórico. En este sentido, el ejemplo más patente de esta idea es el relato mítico del origen de las artes marciales chinas y su posterior desarrollo en Japón a partir de las enseñanzas del monje budista indio Bodhidharma y su visita a China. Este personaje histórico supuestamente fue, en todas las variaciones de la leyenda, quien inaugura las artes marciales. Sin embargo, siempre se resalta que "ya había tradiciones marciales previas". La relevancia de este personaje y el relato generalmente aceptado ha sido descartado históricamente en varios trabajos, como los de Lorge (2012), Judkins (2014) y Shahar (2008), sin embargo, el relato persiste. Tanto Alejo como Carlos,[19] ambos pertenecientes a disciplinas diferentes, tienen su versión de la leyenda; Carlos incluso supo publicarla en una prestigiosa revista en los años setenta. Esta es la versión resumida que daba Alejo:

> Si hablamos de artes más antiguas es el Katrapalipalu, que viene de la India. El que fundó el arte en el mundo fue Bodhidharma, Daruma, realmente. Daruma, desde la India, es un monje, cayó a China (…) Se dice que llegó al templo Shaolin (…) La misión de él era transmitir dos formas que él hizo, una que se llama Baoguang Xing y otra se llama Yi Xing Xi, son dos formas para el cuidado del cuerpo, no eran marciales (...) Su misión era enseñar eso al mundo para que se curen. Se dice que esas dos formas después China las separa, agarra una como el taoísmo y agarra la otra como el budismo. Si vos ves la forma y vos ves la esencia del ejercicio, vos vas a ver exactamente las raíces del budismo y el taoísmo (...) Desde ahí se empezaron a formar los primeros alumnos o monjes en ese templo, de ese templo. De ahí después se empezaron a ramificar en diferentes formas o estilos (...).

Tanto en el relato de Alejo como en el de Carlos encontramos la idea del origen remoto común y "el arte marcial" que luego se ramifica. Hay un héroe mítico que inaugura la tradición y luego una ramificación y difusión de las prácticas que van tomando sus diferentes formas, recogiendo elementos de los lugares por los que pasaron, las ideas religiosas,

---

[19] Carlos fue presentado en la sección "Orientación al combate" como uno de los más antiguos practicantes de kung-fu. Alejo es el instructor de karate que fue introducido en "Regulación de la violencia".

etc. Similares historias se encuentran también en otras disciplinas y en el origen de los diferentes estilos. Para las artes marciales más recientes con orígenes menos distantes también vamos a tener una tradición que se intenta preservar. Un ejemplo claro es Jigoro Kano, el fundador del judo. En algunas de sus memorias (Watson, 2008) podemos leer cómo él recoge las tradiciones de diferentes artes marciales antiguas e inventa el judo hacia fines del siglo XIX, en pleno auge modernizador en Japón. Institucionaliza la práctica a partir de la creación del Kodokan,[20] instaura las "graduaciones" a partir de los cinturones de diferente color y varias otras prácticas comúnmente asociadas a las artes marciales orientales. Este personaje de la historia no tan remota se convertirá en un referente y en un héroe mítico al cual refieren los practicantes modernos. Como en varias de las artes japonesas, los actuales *sensei* (maestros) que enseñan el arte rastrean a cuántas generaciones de distancia se encuentran de Jigoro Kano para denotar su mayor cercanía al origen. Algo similar ocurre con Morihei Ueshiba, el fundador del Aikido, y Helio Gracie, fundador del BJJ, con un tinte mucho más occidental. Pero la construcción de un origen remoto no es monopolio de las artes con origen oriental.[21] Francisco[22] nos relata que el *wrestling* tiene sus orígenes en el pasado remoto, hace referencia a la antigua Grecia y Egipto y concluye que el deporte moderno es el resultado de una síntesis de varias tradiciones:

> La lucha es un rejunte de muchas luchas tradicionales de muchos países, la libre sobre todo, la greco se formó en la Edad Media en los castillos. Pero la libre es una mezcla de todas las culturas folclóricas de muchos lugares.

Los practicantes de disciplinas de combate más asociadas a las prácticas deportivas, como en este caso en la lucha olímpica, mantienen quizás una posición más de quiebre con la tradición. Francisco cuenta que la práctica de la lucha en la actualidad se ha hecho "científica", recurriendo a estudios académicos, experimentos de laboratorio y la mejora continua en los métodos de enseñanza. Por otro lado, practicantes de MMA y boxeo se presentan como "la evolución de las artes marciales", donde se

---

[20] "Kodokan" designa el espacio de práctica que funda Jigoro Kano en Tokio, Japón. Sin embargo, se suele usar la designación judo kodokan para todo el sistema de judo que él inaugura.

[21] El BJJ, si bien es brasileño, se origina a partir del judo preolímpico aprendido por Hélio Gracie en la década de 1930.

[22] Profesor de lucha presentado en el apartado "Relación pedagógica".

descartan las tradiciones rígidas en busca de la efectividad en el combate y la competencia.

Podemos entonces retomar las ideas de Eric Hobsbawm y hablar de "tradiciones inventadas", en referencia al conjunto de prácticas gobernadas por reglas, abierta o tácitamente aceptadas por los practicantes, que pretende inculcar ciertos valores y normas de comportamiento por repetición, automáticamente estableciendo una continuidad con el pasado (Hobsbawm, 2000: 1). La actitud frente a este pasado define en muchos aspectos las características de las instituciones de cada disciplina y el *ethos* pretendido para los practicantes.

Los practicantes de disciplinas de combate deportivas muchas veces tienen posiciones diversas al respecto; por ejemplo, los practicantes del BJJ y judo deportivo no tienen problemas en asociarse con estas tradiciones. Por otro lado, practicantes de MMA y boxeo se presentan como "la evolución de las artes marciales", donde se descartan las tradiciones rígidas en busca de la efectividad en el combate y la competencia. Sin embargo, mantienen la idea del guerrero o gladiador como fuente de autoidentificación y la referencia a las tradiciones de boxeo, el *wrestling* y el *pankratio* de la Grecia antigua abundan en muchos circuitos. La tradición, entonces, sirve para legitimar la práctica en diferentes niveles. El origen remoto, la "pureza de origen" y su antítesis moderna, la "evolución", sirven para legitimar la efectividad del arte. Asimismo, la idea de una tradición ancestral o folklórica es a veces usada para justificar la existencia de prácticas vistas como "violentas". En un sentido o en otro la tradición es relevante en las artes marciales.[23]

Pero estas tradiciones marciales, estos relatos míticos, estas prácticas rituales no se dan en el vacío sino que, como mencionamos anteriormente, se desarrollan en un lugar, en un momento particular y con gente concreta. Esta tradición es leída en ese contexto y es apropiada y reinterpretada creando una variedad particular de la misma, creando su propia historia particular. La tradición no es algo estático e inerte, como afirma Paul Ricoeur (2006: 15): "La posibilidad de desviación se incluye en la relación entre sedimentación e innovación que constituye la tradición". Es en esta apropiación de la tradición, concebida como texto, donde se da el proceso de formación del artista marcial. La *bildung*, el camino donde al mismo

---

[23] Un mayor estudio del significado de estas tradiciones y sus usos puede encontrarse en Bowman (2016).

tiempo construye su propio relato, este proceso donde el arte encuentra su avatar es lo que da significado al arte marcial. Ricoeur decía que "el sentido o el significado de un relato surge en la intersección del mundo del texto con el mundo del lector. El acto de leer pasa a ser así el momento crucial de todo el análisis. Sobre él descansa la capacidad del relato de transfigurar la experiencia del lector". Lo que nosotros nos encontramos en el mundo es este universo de sentidos que se da en practicantes concretos que pertenecen a comunidades que dan forma a instituciones concretas. En ellas es donde vamos a poder encontrar también puntos de interés para abordar el estudio de las artes marciales.

Institución

Francois Dubet (2006: 30; 2010: 16) utiliza la noción de "institución" definida por "su capacidad de promover un orden simbólico y formar un tipo de sujeto amoldado a cierto orden". En otra obra también menciona que "las instituciones entonces son maneras de ser, objetos, maneras de pensar", y "no son (…) únicamente 'hechos' y prácticas colectivas, sino también marcos cognitivos y morales dentro de los cuales se desarrollan los pensamientos individuales". En este sentido es que podemos pensar las construcciones institucionales dentro del marco de las artes marciales. Academias, federaciones, ligas, escuelas y otras formas organizacionales implican diferentes formas en las que se inscribe la historia de las artes marciales a lo largo del tiempo y en sus diferentes espacios.

Las instituciones, siguiendo a Dubet (2006: 32), son las encargadas de producir un sujeto socializado de una forma particular. Esto es lo que él llama el "programa institucional", que representa la forma específica de trabajo sobre otros. Las diversas formas institucionales que van configurando diferentes comunidades de practicantes de artes marciales representan la construcción de una máquina de producir sujetos acorde a ciertos valores (*ethos*) y tradiciones en función de ciertos objetivos propios de un grupo de dirigentes. Las relaciones jerárquicas que se establecen y el tipo de relación entre los estratos van a ser parte también de esta construcción institucional.

Al mismo tiempo, las instituciones se convierten en los medios por los cuales se disputa la legitimidad como arte marcial en otros aspectos, como lo son la eficacia y la veracidad de la tradición.[24] El rol central o secundario que un arte cumple en el entramado social está en gran parte condicionado por la construcción institucional. Francisco contaba cómo la lucha olímpica había estado muy presente en la sociedad argentina hasta la década de 1970. En el país había cientos de clubes y atletas en todas las provincias. A partir de ciertos conflictos internos, el espacio de acción de la federación de lucha se fue debilitando y progresivamente menos clubes incluyeron a la lucha entre sus actividades: para 1999 solo quedaban cinco clubes. Esto se revierte a partir del 2002 con un cambio de conducción en la federación. Pocos después ya había lucha nuevamente por todo el país. "El (campeonato) nacional ahora dura tres días, en los noventa duraba dos horas", afirma Francisco a modo de contraste. Alejo también comentaba cómo el karate (lo que él llamó "karate deportivo") no podía convertirse en disciplina olímpica por un conflicto sobre qué reglamento, de entre las tres principales federaciones mundiales, mantenía la esencia del arte. Algo similar relató Carlos al respecto de las diferentes construcciones institucionales que se dieron en los ochenta alrededor del kung-fu. En ese caso la federación que él había fundado se concentraba en producir buenos combatientes. Los practicantes que fueron formados en aquella época, a los que pude entrevistar, resaltan en sus relatos la rudeza de los combates y la menor atención prestada a aspectos como las formas. Luego del declive de esa construcción institucional, en los años noventa, comienzan a configurarse otras asociaciones y federaciones pero, progresivamente, todas ellas se enfocaron mucho más en las formas y las *performances* gimnásticas. En este caso el "*wushu* olímpico" de China y la activa campaña de *marketing* cultural que esa nación empezó a llevar adelante fueron claras influencias para marcar la nueva orientación.[25] En las entrevistas que pudimos realizar, antiguos practicantes manifestaban cómo el mismo Carlos había cambiado su opinión al respecto de las nuevas prácticas y ahora revalorizaba y ponía mucha atención al entrenamiento de formas y exhibiciones.

En el segundo y tercer capítulo se abordará en detalle una serie de transformaciones institucionales que se dieron en una academia de BJJ, que reflejan claramente esta relación entre valores, objetivos de la

---

[24] "En todo esto, la idea de 'realidad' en las artes marciales está siempre construida discursivamente por y para las instituciones que nacen y se alimentan de esos discursos" (Bowman, 2014: 21; 2015: 129).

[25] Para un ejemplo de esto, ver Shahar (2008: 9, 195-196).

dirigencia, mercado, imaginarios mediáticos y construcción del sujeto. También mostraremos cómo, pese a ser producto de una institución, el sujeto guarda cierta autonomía crítica que en algunos casos lleva a rupturas y quiebres y en otros simplemente a una disidencia silenciosa y una reinterpretación de directivas de los superiores, que se reflejan en las prácticas de los diferentes gimnasios y en las dificultades organizacionales del colectivo de practicantes. Sin embargo, las instituciones van a cumplir un rol clave a la hora de mantener la cohesión en la comunidad de practicantes y transformar los valores y objetivos relevantes para esta.

Comunidad

Si bien las artes marciales se refieren al desarrollo de las habilidades individuales, la práctica es una actividad colectiva. No se puede separar al individuo de su comunidad de practicantes. El aprendizaje del combate requiere de otros que presten su cuerpo y es en ese intercambio donde se transmite el arte. Para analizar por qué es importante para los actores esta dimensión comunitaria, considero este mensaje que fue puesto en las redes sociales por un instructor de BJJ de una importante academia argentina, que refleja algunos de los puntos por considerar:

> Ser parte de un equipo significa mucho más que entrenar de vez en cuando con alguna gente que conocemos. Pertenecer a un equipo implica compromiso, disciplina, constancia, lealtad, amistad, honor, perseverancia, orgullo, hermandad, sacrificio.
>
> ¡Significa familia!
>
> Cuando perteneces a un equipo tienes una segunda familia (o la *única*, en algunos casos), tienes el apoyo de tus compañeros y el deber de apoyarles, no tienes rivales cuando entrenas sino hermanos de lucha, donde quiera que vayas representas a tu equipo, donde quiera que vayas tienes el respaldo de tu equipo, en los triunfos y en las derrotas no estarás solo, darás respeto y recibirás respeto, harás sufrir y tendrás el honor de que te hagan sufrir, crecerás y contigo tus compañeros.
>
> Faltar a entrenar significa una falta de respeto hacia tus compañeros, una falta de apoyo, falta de ayuda, falta de compromiso, falta de amistad, falta

> de lealtad… es faltarle a la familia. Somos una familia. Somos una manada,
> ¡cada uno cuenta!

"Familia" y "manada" son los apelativos usados para referirse al grupo de practicantes. En este caso no se refiere solamente a una unidad de práctica, un gimnasio o *dojo*, sino a la academia en general. Claramente se puede ver cómo la cuestión de la comunidad está ligada fuertemente a los valores y al *ethos* compartido, aunque no se correspondan completamente. El *ethos* refiere a un camino individual que está en relación con la comunidad. Obviamente tiene una dimensión social puesto que son las normas las que regulan el comportamiento y la actitud del individuo hacia el resto; sin embargo la comunidad tiene una dimensión propia que vale la pena separar. La idea de vínculos fuertes, de solidaridad casi consanguínea, no es la forma en la que la relación comunitaria se da en todas las disciplinas, cada una tiene su propia modalidad. En este caso hay una idea de hermandad y cierta igualdad; como veremos en el capítulo dos, las jerarquías no se manifiestan fuertemente en el trato interpersonal. Lo que se refuerza en este caso es el vínculo emocional. La idea de *communitas*, propuesta por Victor Turner (1977: 96, 132), es adecuada para caracterizar el tipo de vínculos al que nos referimos. La misma funciona como antiestructura frente a construcciones estructurales como las instituciones formales que regulan las practicas (federaciones, asociaciones, escuelas, etc.). En particular, si consideramos la categoría del *ethos* compartido, podemos decir que lo que hay es una *communitas* normativa que, en términos de Turner, a la larga tiende a sedimentarse estructuralmente en una construcción institucional, pero que nunca está perfectamente alineada con esta última.

En el caso del karate, como nos relata Alejo (y como pudimos apreciar en sus clases), la relación es más rígida y formal, el trato interpersonal está mucho más ritualizado y las jerarquías están bien marcadas en la práctica. En este caso la comunidad no se identifica como familia sino como un grupo organizado jerárquicamente donde cada miembro debe ganarse el derecho de ascenso a partir de la pericia técnica, el "comportamiento marcial" y, principalmente, el paso del tiempo. Si bien las jerarquías muchas veces están institucionalizadas en normas y códigos de conducta, no todas lo están. El respeto hacia los antiguos practicantes que, más allá de su graduación, tienen altas graduaciones en otras artes juzgadas "respetables" por la comunidad de practicantes y tienen habilidades de combate sobresalientes es algo que se manifiesta por fuera de los cánones institucionales.

La comunidad de practicantes configura un mundo propio con tendencias absorbentes, en términos de Erwin Goffman. Si bien la comunidad no es completamente cerrada, hay claramente una demarcación de frontera con el "mundo externo" que implica una "tendencia absorbente o totalizadora, que está simbolizada por los obstáculos que se oponen a la interacción social con el exterior y al éxodo de los miembros" (Goffman, 2001: 17-18). Estos obstáculos a veces se dan en forma de condena moral pero también pueden estar acompañados de penalidades materiales, dependiendo de la construcción institucional. Por ejemplo, en BJJ, quienes se van a practicar a otra academia permanentemente son "creontes"[26] o traidores. Una vez hecho el pasaje, difícilmente el individuo sea aceptado nuevamente en la comunidad. En el caso de otras artes marciales, uno ni siquiera puede ir de visita a otra escuela, gimnasio o *dojo* sin la autorización de su instructor, "maestro" o *sensei*; de hacerlo, puede ser expulsado inmediatamente.

De todas maneras, no puede pensarse la práctica del arte marcial de forma individual, como Loïc Wacquant decía sobre el boxeo:

> El Noble Arte representa la paradoja de un deporte ultraindividual cuyo aprendizaje es fundamentalmente colectivo. Y se puede llegar a afirmar, parafraseando a Émile Durkheim, que el *gym* es al boxeo lo que la Iglesia es a la religión: la "comunidad moral", el "sistema solidario de creencias y prácticas" que lo hacen posible y que lo constituyen como tal. (Wacquant, 2006: 99)

Es en la comunidad de practicantes donde las técnicas propias del arte viven, y, como veremos en capítulos posteriores, es la apropiación específica de las técnicas por el grupo lo que hace a la técnica; cómo la practican, la aplican y la transmiten es lo que garantiza la continuidad del arte y al mismo tiempo permite su transformación. Esto no es una característica exclusiva de artes enfocadas en el combate y el *sparring*, sino incluso en aquellas artes que se focalizan en la práctica de formas

---

[26] Un artículo de la revista de BJJ online *Pasando Guardia* publicado el día 26 de abril de 2015 lo define así: "Así se le llama a una persona que ha sido pieza importante o competidor de un equipo y se cambia a otro. Si lo tratas de traducir de portugués a español el diccionario no te dará la explicación, en realidad era un personaje traidor de una telenovela y Carlson Gracie lo empezó a usar de referencia, de ahí se adoptó en la cultura jiu-jitsera".

en solitario. Cuando Carlos se preparaba para mostrar una forma de *taijiquan*, eligiendo la vestimenta, la música y pensando en la audiencia, siempre lo hacía en función de una comunidad de entendidos que lo iba a juzgar o al menos apreciar su arte. Por tal motivo, la comunidad juega un rol esencial a la hora de entender un arte marcial.

La comunidad entonces es algo más que el conjunto de individuos que son miembros; sin embargo, es de esos individuos, sus prácticas y la forma en la que interiorizan las técnicas y el *ethos*, cómo interpretan la tradición y cómo colaboran en la construcción institucional de lo que la comunidad está hecha. Veremos entonces cómo podemos abordar el estudio de estos.

El cuerpo-sujeto

Las siguientes categorías son un poco más problemáticas para ser abordadas y merecen unas palabras aparte. Originalmente, cuando a partir de los primeros trabajos en el terreno traté de caracterizar el campo bajo estudio, se propusieron dos propuestas para tratar de referirse a los individuos que conforman la comunidad: corporalidad e interioridad (Buccellato, 2014). La primera pretendía reflejar todos los aspectos relacionados con las técnicas corporales propias de cada arte (técnicas, ejercicios, etc.), las manipulaciones del cuerpo (tatuajes, lesiones específicas, estética, ideal de cuerpo, etc.) y salud (dietas, drogas, dolor, etc.). La segunda refería a lo que ocurría a nivel "interno" o "mental", el carácter, la voluntad y estados emocionales. Estas categorías habían surgido de mi experiencia en el campo hasta ese momento y al mismo tiempo de mis prejuicios propios que comenzaba a cuestionar a partir de esta experiencia. Hay que entender a los prejuicios en este contexto, desde la perspectiva de Gadamer, como una proyección necesaria de sentido para poder comprender (Gadamer, 1977: 333). Si bien ya en esta temprana instancia se hacía presente cierta inadecuación entre las categorías propuestas y la experiencia de campo, no encontraba una forma mejor de abordar el fenómeno. Mi propuesta era que en la práctica y la ejecución de las artes marciales no podía separarse la idea de cuerpo y la de mente, que esta separación era artificial (con base en las experiencias de los actores), es decir que esas categorías debían estudiarse en forma conjunta. En otras palabras, proponía una separación analítica pero al momento de trabajar sobre la experiencia concreta se hacía necesario unirlas. Esto se evidenció muy claramente al momento de abordar la problemática del aprendizaje, pero ya se manifestaba desde las primeras entrevistas a los diferentes practicantes de las distintas artes marciales. Veremos en particular en el capítulo cuatro, cuando abordemos el aprendizaje en el BJJ, cómo fue este proceso de cuestionamiento hermenéutico de estas categorías, pero podemos adelantar los siguientes factores que llevaron a su reformulación teórica:

- Una manifiesta dificultad para describir verbalmente las acciones corporales, transmitir el conocimiento o hablar de cómo ejecutar las técnicas. Los actores se mostraban siempre insatisfechos con la descripción verbal que ellos mismos hacían o la juzgaban insuficiente.[27]

- Al brindar explicaciones sobre el accionar corporal (por ejemplo, la lucha o la ejecución de una técnica) o el acondicionamiento físico o la salud, los actores siempre respondían con aspectos que podían identificarse no solo con lo "corporal", entendido en el sentido restringido del cuerpo como un "algo", sino con elementos que pueden ser asociados a los "estados mentales o "emocionales".

- Las descripciones verbales son insuficientes sin referencias al hacer concreto. Por ejemplo, explicar cómo realizar una técnica era insuficiente sin una aplicación concreta, sin un contexto específico.

Estos elementos no solo estuvieron presentes en la interacción con los actores sino en la propia experiencia corporal del investigador al momento de utilizar su cuerpo como herramienta de producción de conocimiento.

De esta manera, la categoría "corporalidad" borraba sus fronteras con la categoría de "interioridad". Algo similar plantea Thomas Csordas en sus trabajos sobre curaciones rituales cuando afirma que "esta interpretación desafía la descripción etnográfica usual de los espíritus malvados en el lenguaje de exterioridad/interioridad" (Csordas, 1990: 16).[28] La categoría del cuerpo entonces se volvía improductiva para abordar la experiencia del campo y requería un cambio de perspectiva. Un nuevo enfoque vino de la mano de los estudios de *embodiment,* que permiten considerar al

---

[27] Lo mismo puede encontrarse en Aschieri y Puglisi (2010: 141).

[28] Traducción del autor.

cuerpo no como un objeto que se estudia sino como el terreno en el cual se desarrolla la experiencia. En términos de Csordas:

> Si el *embodiment* es una condición existencial en la cual el cuerpo es la Fuente subjetiva o base intersubjetiva de la experiencia, entonces los estudios detrás de la etiqueta *"embodiment"* no son "sobre" el cuerpo *per se*. En cambio, son sobre la cultura y la experiencia en cuanto entendidas desde el punto de vista de un estar-en-el-mundo corporizado. (Csordas, 1999: 143)[29]

En este sentido, el conocimiento "encarnado" o "incorporado" (*embodied*) está caracterizado por el "estar-en-el-mundo", en oposición a la idea que lo concibe como algo trascendental. Al mismo tiempo esto representa no solo una condición en la práctica de las artes marciales sino que es una clave metodológica para la generación de conocimiento (Farrer y Whalen-Bridge, 2011: 1). Así, acordamos con Farrer y Whalen-Bridge cuando afirman:

> El discurso de las artes marciales, que está compuesto por la totalidad de las formas en las que podemos registrar o significar la experiencia del entrenamiento cuerpo/mente de las artes marciales, es el tópico por excelencia a partir del cual entendemos los desafíos del conocimiento, las fantasías y el cuerpo encarnados. (Farrer y Whalen-Bridge, 2011: 2)[30]

Siguiendo esta perspectiva, elegimos adoptar como categoría la idea de cuerpo-sujeto propuesta por Merleau-Ponty pero en línea con la lectura que hace de la misma Nick Crossley.[31] La idea detrás de este concepto surge del análisis de la percepción. "Cuerpo-Sujeto" apunta a reemplazar las ideas de mente-cuerpo propias del dualismo cartesiano y, por otro lado, va en contra de la idea mecanicista del cuerpo que lo considera como un objeto físico. Nosotros *somos* nuestros cuerpos, no *tenemos* cuerpos, todas nuestras experiencias y sentidos que animan nuestra existencia están basados en un involucramiento activo y corporal (e intercorporal)

---

[29] Traducción del autor.

[30] Traducción del autor.

[31] Nick Crossley (1995: 61) nos aclara que el término cuerpo-sujeto es común en la exégesis de Merleau-Ponty, pero que como tal lo usó solamente una vez. Para este trabajo nosotros vamos a seguir la lectura que hace Crossley de Merleau-Ponty ya que responde muy bien a lo experimentado en el campo.

con el mundo (Crossley, 1996: 28). En este sentido podemos resaltar tres puntos importantes.[32]

En primer lugar, la percepción no es una representación interna de un mundo externo; la percepción ocurre en el mundo, no en la mente. En el percibir, lo que se establece es una relación con el mundo, no hay dos órdenes diferentes de cosas (cuerpo y mente), esta división solo se da a partir de una teorización.

En segundo lugar, rechaza la idea de una mente separada del cuerpo. Para Merleau-Ponty, la percepción involucra sensaciones y significados de forma inseparable: estas configuraciones de sensaciones significativas le pertenecen al cuerpo como entidad sintiente. No existe una proyección de sentido de una mente sobre el mundo, no hay un juicio involucrado en el acto de percibir. Citando a Nick Crossley (1995: 47; 1996: 29; 2001: 35)[33] en su análisis de la obra de Merleau-Ponty: "Él mantiene que la sensación no puede ser separada del significado en el contexto de la percepción. El campo de las sensaciones perceptuales forma una estructura Gestalt que es la que resulta significativa al cuerpo-sujeto". Esto le da al cuerpo una doble identidad, por un lado como sintiente, en el acto de percibir, y como sensible, en el acto de ser percibido. Hay un "cuerpo-objeto" y un "cuerpo-sujeto" y ninguna de estas facetas se puede reducir a la otra, pero cada una de estas realiza a la otra: la materia no puede definirse por sus propiedades sensibles sin un sintiente que la perciba, y este último no puede existir sin un mundo sensible que percibir.[34] La característica sensible del cuerpo es especialmente importante porque revela que la percepción requiere necesariamente de una perspectiva. Es desde esta posición tangible y sensible, "cuerpo-objeto", desde donde uno percibe. Es la articulación entre el cuerpo y el mundo lo que habilita la percep-

---

[32] Estos tres puntos se explican de forma clara en Crossley (1995: 46-48).

[33] Traducción del autor.

[34] Esto se sostiene incluso tomando las ideas de Michel Henry (2000: 195-196), que critica a Merleau-Ponty. Él considera que antes de esta idea distanciada que se plantea en relación con el percibir "algo" de forma "intencional" hay una idea del cuerpo que surge del acto primordial de "autoafectividad" que se manifiesta en el mero "poder moverse" como condición del "poder tocar". Henry va a complejizar esta idea al considerar el cuerpo subjetivo, que podemos corresponder con el cuerpo subjetivo revelado por esta "autoafectividad", el cuerpo orgánico que se revela por esta "autoafectividad" y el cuerpo cósico que surge en cuanto cuerpo como objeto del mundo (Maurette, 2015: 198-199, 218-219). Podemos considerar el cuerpo subjetivo como un correlato del cuerpo-sujeto y el cuerpo en cuanto objeto como lo que denominamos cuerpo-objeto.

ción. El sujeto percibiente forma parte del mundo, constituye el punto en el mundo desde donde este se hace perceptible. Y este cuerpo en el estar-en-el-mundo es al mismo tiempo mediado por su presencia física (el cuerpo como objeto) y la percepción simbólica (el mundo significativo del cuerpo como sintiente).

Por último, para Merleau-Ponty la percepción está basada en la conducta como algo adquirido y cultural, una forma cultural mediada por el hábito. El cuerpo percibiente se constituye como tal en la adquisición de esquemas perceptuales; no es pasivo, interroga activamente al mundo a partir de estos esquemas. Los esquemas son los que hacen que lo que percibimos sea inmediatamente significativo. La percepción se da en el estar inmerso en el mundo, en una situación y en un hacer concreto, y ese hacer depende de las prácticas culturales y las habilidades adquiridas por ese cuerpo. La mirada que asumimos configura la forma en la que organizamos el campo perceptivo. El dualismo cuerpo-mente nace de abstraer significado de esta inmersión corporizada en una situación dada. Si en cambio consideramos la idea de *comportamiento significativo* concebiremos al cuerpo como "incorporando" ideas y significados. Más aún, el cuerpo es agente de prácticas culturales y las mismas se conforman por el trabajo de un cuerpo-sujeto activo, este siempre está en interacción con su entorno a través de esas prácticas y habilidades. Esta idea también desafía la separación de cuerpo-cultura (Crossley, 1995: 47).

La percepción entonces no tiene como principal objetivo la contemplación, sino el *envolvimiento práctico*, tiene que ver con lo que queremos hacer en una situación dada. En el contexto del combate en las artes marciales uno se encuentra todo el tiempo registrando movimientos con la mirada, con el tacto y el oído, que se vuelven significativos de una forma específica. En el combate, ya sea en un intercambio de golpes donde uno trata de adivinar las intenciones del otro y visualizar los espacios donde se puede golpear, o en una lucha cuerpo a cuerpo donde uno está pendiente de la dirección de la fuerza del rival, sus movimientos, su respiración y la propia posición para determinar cuál es el siguiente paso, todo esto se da de forma instantánea. La situación se percibe en función del objetivo (luchar), y al mismo tiempo a través de las técnicas posibles por utilizar o ser utilizadas por parte del otro. Son estas habilidades "incorporadas" a partir de la práctica continua las que median la percepción. Lo que poseemos entonces son *formas corporales de interacción con el mundo,* que entrelazan acción y percepción de forma inseparable en un mismo objetivo.

Pero no es solo la cuestión de la percepción lo que refiere al cuerpo. La implicación con el mundo está rodeada de una atmósfera emocional que se corresponde a esa situación, que muchas veces está asociada a un esquema perceptual o disposición específica. Y no solo emociones, sino también figuraciones sobre uno mismo, imaginarios particulares y sensaciones físicas. Por ejemplo, Juan[35] dice: "Tenés que querer ganar, sentir un poco de enojo para entrar al *ring*, tenés que tener actitud, pero no es odiar al contrincante, al cual le debés respeto, sino perdés el foco". Claramente hay una disposición emocional y actitudinal, una forma de *estar-en-el-ring* necesaria para poder pelear. En otra ocasión también agregó:

> Cuando voy a empezar la clase, entro en calor y yo pienso: "Voy a entrenar como el campeón". No voy a entrenar como un chabón que viene de abajo y que viene de un lugar que no conoce o que viene a un grupo grande... encima nosotros entrenamos en un grupo de competidores de muy alto nivel. Digamos de los mejores que hay en la Argentina. Entonces yo qué hago, yo me agrando, me agrando ahí y digo: "Soy el mejor". Pero es un ejercicio que tengo que hacer, porque, si bien, (…) mi formación como... no solamente marcial sino mi familia, mi grupo... la onda era ser humilde.

En este caso, es necesario imaginarse ser algo diferente para poder realizar el entrenamiento. Entonces, los esquemas no son solo perceptuales sino emocionales, actitudinales y simbólicos. Las formas corporales de interacción con el mundo involucran múltiples dimensiones que se cruzan y se hace difícil distinguir, por ejemplo, lo emocional de lo mental o lo corporal. Todas estas categorías mezcladas en la experiencia fenoménica llevan a pensar si las categorías con las que usualmente describimos los fenómenos no son abstracciones innecesarias para abordar su estudio. Abordaremos esto con más detalle en los siguientes capítulos, en particular al considerar la experiencia del aprendizaje del BJJ.

Resta agregar, siguiendo a Crossley[36] (Crossley, 1996: 87), que el cuerpo del que nosotros tenemos consciencia es nuestro cuerpo percibido como cuerpo-objeto. En nuestro hacer nosotros no somos conscientes de nuestro cuerpo, somos ese cuerpo. Pero en la interacción con otros, que nos

---

[35] Practicante de MMA a quien introdujimos al principio de este capítulo.

[36] En esto sigue las ideas de Herbert Mead cuando habla de *"me"* and *"I"* como dos categorías que representan lo que llama cuerpo-objeto y cuerpo-sujeto, respectivamente.

toman como cuerpo-objeto, nosotros tomamos consciencia de nuestro cuerpo, lo objetivamos. Es a través de la perspectiva externa de los otros que nosotros reflexionamos sobre nuestro cuerpo; la reflexividad está enraizada en la interacción social, es en la apertura al otro en la cual nos podemos objetivar. Aprendemos a percibirnos nosotros mismos a través de la mirada de los otros. De esta forma, en nuestro pensarnos a nosotros mismos nos encontramos sumergidos en un entramado social que afecta la percepción que tenemos del yo. En este sentido, nos encontramos cerca de la idea foucaultiana de los cuerpos dóciles que son regulados externamente (Foucault, 2002: 82). Sin embargo, los agentes, en su relación con otros, establecen un diálogo. El otro nunca es singular y homogéneo, sino que representa diversas perspectivas, y es el sujeto en esa interacción el que evalúa, sopesa y contrapone los diversos puntos de vista. Si bien hay esquemas culturales impuestos sobre el agente, en la diversidad hay al mismo tiempo cierto espacio para la elección individual.[37]

Este aspecto particular de conformarse como objeto a partir de la apertura al otro es importante porque involucra una serie de *prácticas reflexivas del cuerpo* (Crossley, 1996: 102), que son aquellas prácticas a partir de las cuales el agente modifica su propio cuerpo. La mirada del otro habilita la reflexividad y es el diálogo con esas otras miradas el que posibilita que el cuerpo-sujeto se afecte a sí mismo. Tatuajes, vestimenta, cicatrices y demás marcas corporales están incluidas dentro de estas prácticas reflexivas, pero también lo están los métodos de entrenamiento, las habilidades adquiridas, la asociación de emociones a contextos y la creación de figuraciones de sí mismo que habiliten realizar cosas. Todo lo que el agente hace sobre su cuerpo considerado como cuerpo-objeto, pero al mismo tiempo dado el aspecto dual, configura el cuerpo-sujeto.

Pese a que la categoría cuerpo-sujeto incluye la idea de la interacción con el otro y las prácticas sobre el propio cuerpo, dejamos afuera todas aquellas prácticas y acciones que el agente realice tratando de afectar a los otros, considerados como cuerpos-objetos del mundo perceptible.

---

[37] Crossley (1996: 100) sugiere que esto está asociado a la idea de acción comunicativa propuesta por J. Habermas.

Performance

El término *"performance"* tiene una gran variedad de usos y una historia dentro de la antropología y el arte.[38] Para este trabajo, rescato el uso que le dio John Austin, de forma pionera, desde el campo de la lingüística. En referencia a los enunciados performativos, este autor afirmaba que una de sus características era que "el acto de expresar la oración es realizar una acción, o parte de ella, acción que a su vez no sería normalmente descripta como consistente en decir algo" (Austin y Austin, 1970: 45) . Dos aspectos son interesantes destacar: en primer lugar, el hecho de enunciar es un acto comunicativo, por lo cual implica un otro, aunque ese otro sea uno mismo o una persona ideal o imaginada. En segundo lugar, el hecho de "realizar una acción", producir un efecto o transformar la realidad. Mi intención es tomar esta categoría cuando el cuerpo-sujeto considera a los otros como cuerpo-objeto y realiza una operación para afectar a los mismos. En otras palabras, aplicaré la mencionada categoría a aquellas prácticas de interacción que estén orientadas a afectar al otro de alguna forma, es decir, al accionar sobre el otro, aunque ese otro sea uno mismo como cuerpo-objeto. Obviamente este último punto implica un posible solapamiento con la idea de prácticas reflexivas propuesta en el apartado anterior, sin embargo, considero que hay un aspecto extra en la dimensión performativa. Independientemente de a quién o a qué esté dirigida la acción, en la *performance* hay otro que cumple un rol de espectador. En el enunciado performativo el hecho de enunciar implica un receptor que no es necesariamente el destinatario de la acción, pero que "escucha" la oración. Este aspecto de la relación con el otro es lo que me interesa destacar en la dimensión performativa. Por ejemplo, un tatuaje como los que son habituales en la práctica del BJJ, en los que aparecen samuráis, peces koi, los nombres de las academias, etc., son prácticas reflexivas según lo caracterizado anteriormente, pero al mismo tiempo tratan de producir un efecto sobre otros, comunicar una identidad, provocar una reacción (ya sea respeto, temor o cualquier otra cosa) en el espectador, incluso si ese espectador es él mismo frente a un espejo que lo convierte en un cuerpo-objeto.

Es importante resaltar que si uno considera la idea de cuerpo-sujeto como una forma de superar el dualismo cartesiano las prácticas performa-

---

[38] Para un desarrollo del concepto dentro de la antropología se puede ver Citro (2009: 32).

tivas no distinguen entre acciones corporales y enunciaciones discursivas. Ambas acciones son producto de un cuerpo-sujeto en relación con otro. Si bien el discurso puede tener su dimensión analítica como tal, en el acto de enunciarse como acción performativa está dentro de lo que consideramos *performance* y no análisis del discurso. En este sentido, no nos interesa si el acto comunica algo o no, o qué sentidos se pueden interpretar detrás de lo realizado, no es simplemente un análisis simbólico o representacional, es el efecto sobre el otro lo que consideramos importante. Por otro lado, hay ciertas prácticas que pueden considerar que realizan una cierta transformación sobre el cuerpo-sujeto. Realizar una forma de *taijiquan* implica producir un estado particular en los practicantes que es relatado como una cuestión de *qi*, energía o un estado de armonización.[39] José Bizerril (2015) detalla la experiencia de la práctica del *taiji* pero podemos también remitirnos al relato que hace Michael Jackson (2012: 160) sobre la práctica del *hatha yoga*. Esto le da una dimensión dual al fenómeno, entre una práctica-reflexiva y una *performance*. No hay ambigüedad, el fenómeno es analizable desde estas dos dimensiones. Nuevamente son dos aspectos del fenómeno que se dan en simultáneo.

Un último aspecto por resaltar de las prácticas performativas está relacionado con la posibilidad de que la ejecución de las mismas cumpla una función particular de transmitir saberes específicos que son difícilmente representables en forma discursiva solamente. El hecho de que deban ejecutarse, y considerando que una ejecución nunca puede ser una copia, implica que "estas conductas, al estar separadas de quienes las realizan, pueden ser guardadas, transmitidas, manipuladas y transformadas" (Citro, 2009: 35). Los *katas* y las formas en las artes marciales "tradicionales", pero así también los *drills* del BJJ y las combinaciones del boxeo, pueden cumplir esta función. En este caso, la acción que implica su ejecución es la de enseñar a un tercero.[40]

---

[39] Surge de diálogos con practicantes e instructores de *tai chi* que explican esto en relación con la circulación del *qi* o energía por el cuerpo, con base en ideas de la medicina tradicional china y el taoísmo.

[40] "En relación con estos procesos, Taylor (2001) sostiene que los 'repertorios de memorias corporizadas' –expresadas en gestos, palabras, movimientos, danzas, cantos– son medios de acumular y transmitir conocimiento; en consecuencia, las '*performances* operan como actos vitales de transferencia, transmitiendo saber social, memoria y sentido de identidad (...), reproducen y transforman los códigos heredados, extrayendo o transformando imágenes culturales comunes de un archivo colectivo'" (Citro, 2009: 35).

Reflexiones

Las categorías presentadas en este capítulo fueron el resultado del proceso de implicación prolongada en el campo. Estas representan temas relevantes para los practicantes de las diferentes artes marciales. Son tópicos que se presentan como centrales en diferentes entornos, pero no son los únicos. Se podría haber elegido otros temas o clivajes, como por ejemplo la dimensión religiosa, pero en este caso particular no la vamos a encontrar presente en todas las prácticas abordadas pero, en los casos en los que sí lo hace, podemos analizar el fenómeno desde las categorías propuestas. También podríamos haber considerado, por ejemplo, los diferentes procesos de aprendizaje como eje de trabajo. Este marco analítico es una herramienta para poder describir el fenómeno; surge y se valida empíricamente a partir del contacto con diferentes campos pero es, en última instancia, una forma de representación. Es a partir de estas dimensiones propuestas que analizaremos en los siguientes dos capítulos el mundo del PFC y el de sus practicantes. Sin embargo, consideramos que hay ciertos elementos, como el aprendizaje, que revisten cierta complejidad y se explican mejor desde el cruce de las categorías propuestas. En el capítulo cuatro presentaremos el análisis del proceso de aprendizaje en el BJJ a partir de las categorías propuestas y mostraremos cómo resultan especialmente útiles para brindar una explicación al partir de los sentidos nativos.

Capítulo 2

Insurgence. El BJJ en el conurbano bonaerense

La tribuna está llena, hay mucha más gente de lo que yo pensaba, estoy nervioso hace rato y la cercanía de mi turno para luchar me pone cada vez más ansioso. Cuando empecé la práctica de BJJ intenté participar de competencias, los nervios se llevaron siempre lo mejor de mí y no me fue bien. Tampoco ayudó la falta de experiencia. Pero pasaron unos años y pensé que este era un buen momento para volver a intentarlo. Quizás debí considerar la posibilidad de entrar en algún torneo local en vez de inscribirme en un torneo internacional, pero bueno, es fácil automotivarse desde el sillón de casa. Desde mi primera competencia hasta ahora yo había sido graduado una vez, me tomó casi dos años casi conseguirlo. El camino hasta esta primera graduación es más largo que para otras artes marciales, obtenerla es un hito en la vida del practicante, como me dijo mi *mestre*: "Esta es la *faixa* más importante, te marca. El resto llega más fácil, ni te das cuenta, pero llegar a la azul es un logro". Así lo sentía yo, todos dicen: "La *faixa* es lo de menos, solo sostiene la chaqueta", sin embargo para mí representaba mis dos años de práctica, lo que me identificaba como practicante. En todo ese tiempo me dediqué a pleno al entrenamiento, padecí lesiones, dejé de pasar tiempo con mi familia, entrené duro cinco veces por semana y a veces seis. Transformé mi cuerpo completamente, volví a ver una imagen en el espejo que no veía desde los veinte años. Hice amigos, me gané el respeto de mis compañeros, quienes me pusieron un apodo, ahora me dicen "Vikingo", y los nuevos ni saben mi nombre real. Ya soy parte de "la familia", soy uno más. Sigo nervioso, hasta hace un rato pensaba en irme, nadie me obliga, yo elegí estar acá. Me pongo los auriculares y pongo *heavy metal* a ver si con eso se me baja un poco la ansiedad. Cambio de idea, me saco los auriculares y camino, por el altoparlante se escucha "Marcos Buccellato, tatami número uno", ya está. Cruzo la cerca que separa a los competidores que están esperando y ya pasaron el pesaje del tatami. En el medio está el árbitro, me señala mi rincón. Del otro lado está parado un hombre bastante grande, tiene cara de confiado. Lo miro, sigo nervioso pero me olvido del público, hasta hace un rato era todo lo que me preocupaba. Me sudan las manos. El árbitro nos pide que nos acerquemos al centro y comienza a explicarnos las reglas. Yo ni lo escucho ya, miro a mi oponente a los ojos. Él hace lo mismo. Trato de pensar en cómo voy a empezar la lucha, qué voy a intentar primero y a dónde quiero ir. "El Perro", mi *mestre*, me había dicho que yo tenía que tener "un juego", un plan de lo que quería hacer. Mi idea era intentar un derribo, por ahí un "martillo" que me venía saliendo bastante bien y a partir de ahí lograr una posición dominante. Confiaba en que había complementado mi entrenamiento de *jiu-jitsu* con lances de judo. A esa altura no me preocupaba nada más que dónde poner mis manos. Empieza la lucha, bajo mi cintura y busco el hueco para el lance. Imposible, mi oponente tiene el centro de gravedad muy bajo, nos agarramos de las mangas del kimono, pienso que quizás si me desplazo hacia un costado puedo intentar buscar un ángulo para el derribo. Pero al parecer mi contrincante me vio muy confiado en el "juego de parado" porque decidió no arriesgarse y "llamarme a la guardia". Por suerte lo vi venir y logré neutralizarlo parcialmente. Quedamos en "media guardia". Intento "pasarle la guardia", no puedo, se resiste, pero no intenta nada. Siento que no está seguro, solo a la defensiva. Intento nuevamente el pasaje de guardia, lo logro parcialmente pero mi pantorrilla quedó atrapada entre las suyas. Trato de hacer el movimiento que me enseñaron para salir de estas situaciones, deslizar la rodilla hacia atrás y no hacia el costado para romper. Pero mi oponente aprieta con fuerza. No puedo zafar. No trataba de recuperar la guardia, no hacía nada, solo fuerza, nada de técnica. Me da confianza, pero no podía pasar la guardia de todas maneras. Lo intento por los casi cuatro minutos que faltaban hasta que al final lo logro y llego a la posición de cien kilos de control lateral. Me dan los dos puntos. Faltan treinta segundos, me clavo en esa posición, bajo el peso de mi cadera y siento cómo a él se le escapa el aire de los pulmones. Peso 95 kilos y sé cómo hacérselo sentir al rival. Maña de "amasador".[1] Mi oponente se trata de mover desesperadamente como pez fuera del agua intentando zafar,

---

[1] Aquel que usa su peso como herramienta para vencer la resistencia del rival.

pero no le da el tiempo y se termina la lucha. Había ganado mi primera lucha, me daba cuenta de que mi alegría era inocultable. Había sido una lucha horrible, poca técnica y mucha fuerza, pero no importaba: mi satisfacción era plena. Luego de eso ya no estaba nervioso. Mi siguiente lucha vino un rato después. Gane por 18-0, no recuerdo ni lo que pasó, pero me dijeron que nunca me vieron luchar tan bien como esa vez. Esa vez salí campeón en mi categoría, competir era lo que me faltaba para completar mi formación y me sentía satisfecho.

Este breve relato da cuenta de la experiencia de luchar y competir en un torneo de BJJ. Muchos de los elementos que se relatan son inexplicables por sí solos y requieren de un contexto y cierto conocimiento del campo en cuestión, sin embargo espero que esta experiencia ilumine algunos aspectos sobre cómo fue el proceso de trabajo en el campo. Resulta claro que mi proceso de investigación me llevó a convertirme en un luchador de BJJ, si bien, como se menciona en la introducción, mis primeras indagaciones no eran estrictamente antropológicas, desde el principio estuvieron guiadas por preguntas y reflexiones sobre lo que significaba ser un artista marcial. Entonces, toda la investigación está marcada por este proceso autorreflexivo de convertirme en un "luchador". Poder sentir los nervios de una lucha, tener que elaborar estrategias para vencer a un rival, dejar de "pensar" sobre lo que estoy haciendo para "hacer", es decir, luchar, conforman parte del proceso de producción de conocimiento. No es entonces una investigación "a partir del cuerpo", como propone Wacquant (2006: 16), sino que el cuerpo, entendido como objeto, fue parte del proceso de generación de conocimiento, un aspecto más. Es la transformación de la forma de ser-en-el-mundo la que se convirtió en la herramienta y vector de conocimiento. Esto no significa que el trabajo de investigación haya sido un "volverse nativo", puesto que, dada la naturaleza de las reflexiones y las preguntas que uno se realiza como investigador, ese camino resulta inviable. Sin embargo, la transformación sufrida en el campo me permitió acceder a un conjunto de experiencias que hubiera sido imposible de vivenciar de no haber mediado esta inmersión total en el campo. En este sentido, retomando a Ingold (2017: 3), la observación participante no es solo una técnica de obtención de datos, sino un compromiso ontológico, es una forma de aprendizaje.

El presente capítulo constituye la primera parte de la reposición de un trabajo etnográfico de cinco años que intenta brindar los elementos para comprender esta experiencia de ser un luchador de *jiu-jitsu*. El trabajo de campo se desarrolló principalmente en un *fight club*, el "Perro Fight Club" (PFC),[2] perteneciente a uno de los referentes de la academia de BJJ "Novo Mundo". Sin embargo, rápidamente me encontré con que para poder dar cuenta del fenómeno completo el trabajo no podía limitarse a un solo lugar, sino que era necesario extender el trabajo a otras locaciones y al mundo virtual de las redes sociales.[3] Lo que nos encontramos fue siempre una red de interacciones entre diferentes lugares que era necesario reponer para entender los fenómenos. Pese a esto el PFC fue siempre el nodo central de esta red, no porque fuera el centro en sí mismo, sino porque fue el lugar desde donde me posicioné para analizar el campo. Los personajes y eventos con los que interactué en el proceso de investigación siempre guardaron una relación de algún tipo con el PFC. El trabajo etnográfico será repuesto desde el marco analítico presentado en el primer capítulo. Cabe reiterar que dicho marco no fue construido *a priori* al trabajo de campo, sino más bien que fue coconstruido junto con esta experiencia etnográfica y otros trabajos en paralelo.

Fight club y Brazilian Jiu-Jitsu

Antes de empezar es importante aclarar qué es un *fight club*. No es un club ni tampoco un gimnasio. El *fight club* es un espacio donde se practican artes marciales de contacto orientadas al deporte y al combate profesional. Hay variedad de ofertas pero básicamente incluye BJJ, lucha estilo libre, lucha grecorromana, *muay thai*, *kickboxing* y boxeo. A veces se agregan otras artes marciales, pero el núcleo es este. Por lo general estas son las disciplinas asociadas a la práctica de las artes marciales mixtas, "vale todo" o MMA que adquirieron fama por las franquicias americanas y japonesas de UFC (Ultimate Fighting Championship) y PRIDE. Con el correr de los tiempos se fueron agregando actividades complementarias, como entrenamiento funcional, *crossfit* y otras artes marciales "tradicionales".[4] La

[2] Ver Fotografía 1 y Fotografía 2.

[3] El criterio para la elección de las locaciones está en línea con las ideas de "seguir a las personas" y "seguir los conflictos" que plantea G. Marcus (2001).

[4] La frontera entre artes "tradicionales" y "no tradicionales" es difusa para los mismos actores. A grandes rasgos podemos decir que, desde lo discursivo, se habla de artes "tradicionales" cuando la práctica está orientada en gran parte a la enseñanza de unas técnicas que pertenecen a una tradición de enseñanza y se transmiten independientemente del contexto histórico de su génesis y uso. El énfasis está en la preservación

diferencia con un gimnasio normal se desdibuja en algunos casos, pero la estética, la orientación a las MMA y algunas referencias más permiten identificarlos como tales, no sin dificultad. La denominación *"fight club"* tiene varias referencias, algunas contradictorias. Muchos lo asocian con la película del mismo nombre protagonizada por Brad Pitt y Edward Norton, donde hay una fuerte referencia a las peleas callejeras, clandestinas y a la idea de rebelión.

El PFC está ubicado en el oeste del conurbano bonaerense, y es propiedad de Juan "el Perro" Sánchez. Él es un miembro muy importante de la academia Novo Mundo y luchador profesional de MMA. El *fight club* está ubicado en un antiguo taller automotor reacondicionado para poder practicar. Los elementos que encontramos en este lugar, y los diferentes espacios de práctica, son similares a los que podríamos encontrar en cualquier otro *fight club*, por lo que vale la pena brindar una breve descripción. La sede está emplazada en un tinglado de 10 × 30 m con un pequeño patio en el fondo. En la parte delantera hay una oficina al costado del portón de entrada donde se realizan los ingresos, se vende ropa relacionada con las actividades practicadas, se encuentra la balanza con la que se pesan los practicantes y se venden los suplementos nutricionales. A continuación hay un tatami, que es el área acolchada de práctica donde se llevan adelante las clases de BJJ. La pared lateral está también acolchada y, posteriormente a mi ingreso (alrededor del 2013), se le agregó una pared de alambre y caño en el otro lateral para emular la "jaula" usada en MMA. Hacia el fondo hay seis bolsas de boxeo con diferente forma, ordenadas tres de cada lado sobre las paredes laterales, que dejan un espacio vacío en el medio. Llegando a la pared del fondo del galpón hay un *ring* de boxeo pequeño y un banco inclinado para levantar pesas. Sobre la pared al fondo está el *timer* que regula la duración de los ciclos de entrenamiento y lucha (*rounds*) y los tiempos de descanso de las

---

de las técnicas sin modificarlas y sin cuestionar la "efectividad" de su aplicación. Muchas veces también hay una atención especial al ceremonial y a la etiqueta. Sin embargo, esto no es siempre así; en la práctica, qué es y qué no es "tradicional" tiene una fuerte relación con cómo se construye la tradición y la historia propia del arte y en particular con qué objetivos se orienta. Los practicantes de MMA y las disciplinas relacionadas marcan la oposición con las artes tradicionales en el hecho de que las mismas "no evolucionan". Como resaltó "el Perro", dueño del *fight club*: "Las artes marciales mixtas, el BJJ, el *thai* y todas estas artes son la evolución de las artes marciales. Tiraron todo lo que no funciona en la realidad y se quedaron con lo que funciona de verdad".

diferentes actividades. En esta pared del fondo hay un portón que lleva a un pequeño "jardín" donde por lo general vive un perro (un *pitbull*) y donde se hacen los asados y eventos recreativos de la sede (nada formal, solo unos banquitos con una tabla y una parrilla). Al lado de ese portón hay una puerta que conduce al vestuario, que está dividido en dos partes, un lugar para cambiarse y la ducha más un inodoro que está en el mismo receptáculo. La higiene es siempre pobre pero sin llegar a ser mala, algo que llevó en oportunidades a que los miembros de la sede compartiéramos una infección micótica[5] durante meses que costó bastante erradicar. A los lados del tatami hay bancos y sillas donde la gran mayoría de los practicantes se cambian a la vista de todos (sin estar completamente desnudos pero sí en ropa interior), en particular los hombres (las mujeres son muy pocas en la academia). Las paredes hace unos dos años fueron decoradas con pinturas en aerosol con motivos relacionados con samuráis o luchadores (anteriormente colgaban afiches de lona con distintos peleadores de MMA de la academia). En el espacio se practican varias actividades de contacto: *kickboxing*, *muay thai*, boxeo, lucha olímpica, BJJ, MMA y judo. Hay prácticas todos los días (incluso los domingos pero de forma "no oficial") y a veces simultáneamente. Por ejemplo, de BJJ hay tres turnos de práctica diarios dictados por diferentes instructores.

Si bien en el espacio del PFC se llevaban adelante diferentes actividades, nos centraremos en este trabajo en la práctica del BJJ. Cabe aclarar que el mundo del BJJ y las MMA están profundamente relacionados e imbricados desde el origen mismo de la disciplina. Muchos practicantes de BJJ se convierten en luchadores de MMA y también muchos practicantes de otras artes estudian BJJ para poder convertirse en luchadores de MMA más completos. Por tal motivo es importante hacer un breve recorrido histórico sobre la génesis del BJJ para comprender estas relaciones y entender su significado.

El BJJ es un arte marcial proveniente del Brasil que remonta sus orígenes al judo japonés de la década de 1920,[6] previo a que este se convirtiera en

---

[5] Ver Fotografía 3.

[6] Resulta una importante simplificación decir que el BJJ se origina en la década de 1920. Lo que podríamos identificar como BJJ (a diferencia del judo) va a ser algo notorio después de la popularización que hizo la familia Gracie. Fue su actividad la que fomentó el que se identificara al BJJ como algo diferenciado del judo. Sin embargo, la idea del jiu-jitsu como algo diferente al judo es previa a los Gracie y el arte como un conjunto de técnicas propias no toma forma recién hasta las décadas de 1960 y 1970. Para tener una referencia completa de la historia del BJJ se puede encontrar

una disciplina olímpica.[7] A su vez, el judo es una construcción deliberada de fines del siglo XIX (posrestauración Meiji) para modernizar y adaptar prácticas tradicionales de combate (*ju-jutsu* o *jiu-jitsu*) a los fines de una vida moderna de carácter occidental. Por lo tanto, hay que considerar que ya en su génesis la disciplina original tenía una fuerte intencionalidad racionalizante aunque no con el objetivo de convertirse en un deporte al estilo occidental, ya que proponía convertirse en un arte para el desarrollo de valores marciales y la superación personal. En las memorias de Jigoro Kano podemos encontrar esto enunciado claramente:

> Las técnicas tradicionales de *ju-jutsu* fueron ideadas, en su mayor parte, para asesinar o matar a un enemigo, de ningún modo orientada a fines morales, intelectuales o físicos positivos. Concluí, sin embargo, que después de ser modificadas muchas de estas mismas técnicas de *ju-jutsu* podrían realizarse de manera menos peligrosa, podrían ser de naturaleza práctica para la vida moderna y podrían ser valiosas en el ejercicio del cuerpo y la mejora de las facultades mentales de uno mismo. (Watson, 2008: 40)

No es menor la consideración de que Kano era un doctor perteneciente a una familia acomodada en el nuevo régimen político. Es importante esta discreción histórica porque permite aclarar algunos aspectos básicos del actual BJJ, particularmente de la conformación de un sistema jerárquico basado en la idea de eficiencia técnica y la posibilidad de realizar carrera dentro de la academia. Es en el marco de esta disciplina que se crea el sistema de división jerárquica de practicantes basado en la distinción de cinturones. Y es importante aclarar que esta distinción técnica implica una jerarquía, ya que los cinturones inferiores le deben obediencia y respeto a los superiores en el marco de los espacios de práctica. El otorgamiento de los diferentes grados (cinturones) se hacía con base en el examen técnico del pretendiente, que no podía ser tomado sino después de tiempos de

---

en Cairus (2012) y Pedreira (2015). En este trabajo seguiremos en particular la obra de Cairus porque tiene una mayor claridad expositiva, sin embargo las fuentes a las que ambos autores recurren son esencialmente las mismas. Lo mismo ocurre con las conclusiones a las que llegan salvo por algunos matices. Para encontrar un relato diferente sobre la génesis del BJJ tendríamos que recurrir a *O Livro Proibido do Jiu-Jitsu* de Marcial Serrano (2014), donde se trata de deconstruir el rol de la familia Gracie en la génesis del BJJ. Esta obra muestra cómo el debate sobre el origen del arte conforma un punto central para los practicantes; la construcción institucional, la legitimación y los valores del arte marcial se encuentran en disputa en la misma construcción histórica que conforma la tradición disciplinar.

[7] Esto ocurrió en 1964.

práctica especificados para cada grado, y es interesante también llamar la atención al hecho de que cada uno de estos escalafones tiene asociados saberes propios que no deben ser enseñados a los grados inferiores. De esta manera ya desde la fundación de la disciplina original encontramos representadas la jerarquía y la carrera, que son características de una organización burocrática. De esta misma época es la codificación de las técnicas en manuales de etiqueta, ejecución de técnicas, prácticas de primeros auxilios, definición de áreas de práctica, etc. Al mismo tiempo se inaugura un edificio central donde se entrena a los futuros instructores para difundir la disciplina, el *Kodokan*. El sujeto ideal formado de esta manera es el "artista marcial", donde gran parte de los principios promovidos por la institución estaban basados en la fusión de valores "tradicionales"[8] y criterios de eficiencia técnica "científicos" con un fuerte componente moral que debía extenderse a todos los aspectos de la vida del practicante.

Por un curioso peregrinaje de uno de estos "profesionales", Mitsuyo Maeda, o el conde Koma (como fue apodado), formado en el judo, este llega a Brasil en 1914. Si bien el *jiu-jitsu* japonés había sido introducido en Brasil desde 1905 por la Marina,[9] fue la influencia de Maeda la que marcará el futuro desarrollo del BJJ. Podemos enunciar dos razones de esto: la primera es que Maeda, si bien tenía una alta graduación dentro de la institución del *Kodokan* (quinto dan), se había dedicado a las peleas profesionales en giras que había realizado por toda América. Esto, debido a las estrictas reglas institucionales, lo posicionaba como marginal dentro de la institución del judo. Los alumnos que Maeda tuvo durante su breve estadía en Brasil jamás recibieron graduación oficial y aprendieron su estilo híbrido de lucha, que recogía elementos de otros estilos occidentales aparte del judo. Más aún, Maeda nunca se refería a su práctica como judo sino como *jiu-jitsu*. La segunda razón es que fue con Maeda con quien se estableció la relación con la familia Gracie, la cual se convertirá en

---

[8] El judo está considerado muchas veces entre las artes "tradicionales", sin embargo encontramos cómo la creación de las artes marciales tiene por detrás un trasfondo moderno.

[9] El primer manual de *jiu-jitsu* fue traducido por el capitán Santos Porto y el teniente Adler de Aquino en 1905. Había habido varios contactos diplomático-militares entre Brasil y Japón, pero fue la victoria de este último sobre Rusia, una potencia occidental, lo que impulso a Japón como modelo de modernización para el Brasil (Cairus, 2012: 37-39).

un actor de relevancia mayor para la consolidación del *jiu-jitsu* como un estilo propio brasilero.[10]

A partir de ese momento, el *jiu-jitsu* comienza a tomar características propias tanto en su organización como en su desarrollo técnico, separándose del judo, que unas décadas después dará un giro mayor hacia el deporte occidental al convertirse en disciplina olímpica. La familia Gracie, en especial las figuras de Carlos y Hélio Gracie, serán los principales vectores de difusión de este arte a partir de su figura mediática, sus contactos con la clase alta brasileña, la prensa y el gobierno de Getulio Vargas. Serán ellos los que organicen los primeros desafíos entre practicantes de artes marciales diferentes, en particular con yudocas japoneses, practicantes de *capoeira*, boxeadores y luchadores (tanto olímpicos como de la rama de la *luta livre* brasileña). Incluso llegaron a tener un programa en la televisión nacional en la década de 1950 que finalmente fue prohibido por el exceso de violencia. Los hermanos Gracie y su prolífica familia imprimieron en el *jiu-jitsu* un estilo propio en parte heredado de las enseñanzas híbridas de Maeda, su pertenencia de clase,[11] su "raza"[12] y su particular forma de vida.[13] Es importante notar la temprana asociación de disciplinas que formaban parte en estos combates, porque estos son los antecesores de las prácticas contemporáneas de MMA y explican en parte por qué suelen practicarse dentro de los mismos espacios y asociados a cierto universo simbólico común.

La familia Gracie perdió protagonismo hacia la década de 1960, principalmente por la mala relación que establecieron con el gobierno militar. Para esa época el judo ganaría protagonismo en gran parte por

[10] El contacto fue entre Maeda y Gastao Gracie, padre de Carlos y Hélio que fueron figuras fundacionales para el BJJ. El primero de estos dos fue alumno de Maeda durante su breve estadía (Cairus, 2012: 57-58).

[11] La familia Gracie había sido muy importante en el sector financiero brasileño del siglo XIX y había caído en desgracia hacia el siglo XX, pero no había perdido su red de contactos ni su estatus simbólico. Será a través del uso de estos y del *jiu-jitsu* que se reposicionarán como parte de la élite. El *jiu-jitsu* en sus comienzos fue claramente una práctica de las clases altas (Cairus, 2012; Pedreira, 2015).

[12] Los tintes racistas de los Gracie pueden verse reflejados en la serie de combates con el único alumno de color que tuvo Carlos Gracie, Waldemar Santana (Cairus, 2012: 152).

[13] Los Gracie eran famosos por su ejercicio de la violencia. Varios incidentes los llevaron a tener problemas con la ley, incluso recibieron una condena a prisión que no se efectivizó solamente porque Getulio Vargas les otorgó personalmente un indulto (Cairus, 2012: 80).

ser impulsado por el gobierno norteamericano, que lo convirtió en el arte marcial de preferencia para sus fuerzas armadas. El gobierno brasileño no tardaría en hacer lo mismo, desplazando al *jiu-jitsu* como disciplina principal. No será hasta los años setenta que el prestigio del *jiu-jitsu* comience a recuperarse y la disciplina adquiera características propias que la distingan claramente del judo del cual surgió originalmente (Cairus, 2012: 206). Pero el *boom* de esta disciplina se dará a principios de la década de 1990, cuando Rorion Gracie, uno de los hijos de Hélio que había emigrado a Estados Unidos en 1979, se convierta en el cocreador de "The Ultimate Fighting Championship" (UFC). El UFC nació como un *show* para la televisión *pay-per-view* que ponía frente a frente a practicantes de diversas artes marciales en una atmósfera propia de combates de gladiadores (Gentry, 2011: 40).[14] Royce Gracie, hermano menor de Rorion, se convertiría entonces en el campeón familiar del clan Gracie, ya que durante dos años vencería sistemáticamente a todos sus oponentes, reestableciendo de esta manera el aura de invencibilidad que el *jiu-jitsu* supo construir en los años cincuenta (Cairus, 2012: 221-222). Si bien la familia Gracie se separó del negocio de forma temprana, la popularidad del UFC[15] y las artes marciales mixtas no dejó de crecer.

Es en este contexto que el BJJ llega a la Argentina a finales de la década de 1990 y cobra impulso con la difusión de las artes marciales mixtas en la industria del entretenimiento y el deporte. ¿Quién fue el que lo introdujo en el país? Es difícil rastrear esto pero varios de los entrevistados señalan a César Jerez,[16] un yudoca reconocido que comenzó a enseñar la disciplina en el país luego de residir un tiempo en Brasil. Otro de los pioneros fue Federico Aoki,[17] un brasileño fundador de la academia Bulldog de BJJ,

---

[14] El UFC nunca se pensó como un espacio para mostrar a las artes marciales como tales o para enfatizar los aspectos deportivos, sino que se pensó exclusivamente como un *show* que haría combatir a practicantes de diferentes disciplinas sin categorías de peso y con un mínimo de reglamento (Gentry, 2011: 40-41).

[15] Si bien la historia del UFC es muy accidentada, con ligas en otros países (por ejemplo PRIDE) y con franquicias competidoras, podemos simplificar diciendo que fue la popularidad de este proyecto original lo que hizo crecer la fama del *jiu-jitsu*.

[16] Rodolfo Mares, uno de los cabecillas principales de la academia Novo Mundo, señala a César Jerez como el primero en enseñar BJJ localmente. Lamentablemente no pude contactar a César, que, hasta donde pude rastrear, vive ahora en España. Algunos datos extra surgen del artículo Grupo Fénix-Lucha olímpica-Argentina.

[17] Se cambió el nombre de este personaje ya que guarda relación directa con los actores del campo en el cual se desarrolló este trabajo.

una de las más grandes y reconocidas en el medio y maestro de varios de los actores que encontré a lo largo de mi trabajo de campo.

Haber hecho este recorrido histórico, además de dar un trasfondo para entender qué es el BJJ y cómo se relaciona con el mundo de las artes marciales y el deporte en general, nos va a permitir tener un punto de referencia para entender la construcción que hacen los actores sobre la historia disciplinar y cómo la utilizan como herramienta de legitimación y construcción identitaria. Al momento de comenzar el trabajo, toda esta historia me era desconocida. Los relatos sobre el origen samurái del *jiu-jitsu*, las anécdotas de la familia Gracie y el aura casi mítica de Hélio Gracie comenzaron a aparecer a medida que profundizaba mi inmersión en el campo, como elementos clave para entender la "tradición inventada"[18] que los actores tenían en la cabeza y cómo jugaba dicha tradición frente a otras disciplinas y en la forma de construcción institucional característica de varias de las academias de BJJ que conocí. Pero para entender cómo se dio este proceso vale la pena retomar la historia desde el comienzo.

Entrando al tatami

Como se mencionó en la introducción, mis inicios en el campo, en el año 2010, no fueron directamente en el PFC sino en otra sede de la academia en una localidad más cercana a mi domicilio. Es más, la academia Novo Mundo, como tal, no estaba constituida aún en ese momento. Esta sede en particular estaba siendo llevada adelante por un alumno de baja graduación del hermano de "el Perro" Sánchez, Norberto Schell, quien daba clases dos veces por semana y entrenaba ocasionalmente en el PFC. Las clases se impartían en un pequeño espacio dentro de un gimnasio que incluía actividades como complementos de pesas, karate, *capoeira*, *tae bo* y otra serie de disciplinas aeróbicas. Al llegar el primer día me presenté y Norberto comenzó a darme una introducción a la disciplina. Me aclaró desde el comienzo que, si bien el arte es brasileño, "viene del *jiu-jitsu* que practicaban los samuráis. Es un arte pensado para la guerra". Para ese momento yo no conocía ni la historia ni las características del arte marcial, para mí el BJJ era la disciplina detrás de las espectaculares peleas de artes marciales mixtas que había visto por internet. Dada mi confusión al respecto, Norberto me aclara: "No, no, acá no nos pegamos", solo se

---

[18] En el sentido usado por Eric Hobsbawm (2000: 2-3).

hacen palancas y estrangulaciones para "finalizar" al contrincante, es decir, para que este se rinda. Me explicó que el BJJ se focaliza en el combate en el suelo, "que es donde termina el noventa por ciento de la peleas 'reales'". Profundizando esta idea sobre lo "real", me indicó: "Acá se lucha desde la primera clase, todos luchan", debido a que el BJJ versaba sobre el "combate real" así que no tenía sentido practicarlo sin combatir. Como último punto para caracterizar la disciplina mencionó que el BJJ era un arte que "había perfeccionado Hélio Gracie" a partir del *jiu-jitsu* japonés, con el objetivo de que "no importe la fuerza". Era una forma de lucha que había sido diseñada para que "el más débil pueda someter al más fuerte". Hélio Gracie era el hermano menor de Carlos Gracie, que enseñaba *jiu-jitsu* y era una persona muy "débil y enfermiza" que, observando a su hermano, fue adaptando las técnicas a sus características físicas. Según el relato de Norberto fueron estas innovaciones las que dieron nacimiento al BJJ como tal y Hélio su mítico fundador. Esta primera presentación sobre qué es el *jiu-jitsu* la encontraría replicada en el futuro en muchos otros contextos. Forma parte de la construcción ideal que se hace sobre los orígenes de la disciplina. Los diferentes interlocutores agregarán más información, corregirán detalles y sumarán anécdotas a la misma, pero hay algunos elementos que no cambian nunca: Hélio Gracie es el padre fundador del BJJ sobre la base del *jiu-jitsu* japonés utilizado por los samuráis. Este es un arte marcial que se ocupa de la "lucha real" que utiliza técnicas "que se prueban en el combate de la vida real" y se concentra en cómo suelen terminar las "peleas en la realidad", es decir, en la lucha en el suelo. Por último, y no por ello menos importante, las técnicas del *jiu-jitsu* permiten anular las ventajas que otorgan la fuerza física y el tamaño a la hora de enfrentarse en una lucha, es decir que, como se me resaltará en infinidad de ocasiones, "si uno domina la técnica, el tamaño no importa". Esta presentación ya me preanunciaba algunos elementos característicos del BJJ: en primer lugar, el tipo de enfrentamiento antagónico está orientado a enfrentamientos entre oponentes fuera del tatami y con intenciones de lastimarse, para esto el desarrollo del aprendizaje está basado en el luchar con el otro, se aprende y se enseña luchando. En segundo lugar, la tradición mítica originaria resalta el origen guerrero, los samuráis, pero mejorada por la experiencia práctica. Esto, como se verá más adelante, tiene implicancias sobre algunos aspectos de la construcción del *ethos* marcial propio de la disciplina. En tercer lugar, este es un arte que se practica en el suelo principalmente y no tiene golpes entre las técnicas usadas. En cuarto lugar, se plantea como "realista", es decir que se piensa para ejercer la violencia real al menos desde el aspecto discursivo.[19] Por último, es un arte que, a través de la perfección técnica, se vuelve eficaz independientemente de las características físicas del practicante.

Fue a partir de esta primera aproximación al BJJ a través de la cual entré en contacto con el PFC. La sede en la que había comenzado a entrenar había sido "fundada" por el hermano de "el Perro", Pedro, hacía dos años. Sin embargo, por diversos motivos Pedro se había visto forzado a abandonar la enseñanza en este lugar dejando a cargo a Norberto, uno de sus alumnos avanzados. A medida que entré en confianza con el grupo, unos cinco practicantes, las referencias al PFC y a la figura de "el Perro" se volvían recurrentes. En ese momento la academia tenía el nombre de Insurgence BJJ y "el Perro" y su *mestre*, Rodolfo Mares, se presentaban como los principales referentes. Sin embargo "el Perro", como luchador profesional de MMA, tenía un elemento más que reforzaba su prestigio en relación con la idea de que él usaba sus conocimientos en el combate "real".[20] Por otro lado, Norberto tenía cierta tendencia a innovar y a experimentar en la forma en la que presentaba las técnicas, siempre traía "cosas que había encontrado en YouTube" y las intentaba probar en clase. Debido a mi prejuicio por mi formación marcial previa, yo esperaba que quien me enseñara un arte marcial debía saber exactamente qué transmitir y no buscar material en internet. Este prejuicio previo, junto a la centralidad del PFC como lugar de referencia de los actores, me llevó a desplazar mi centro de atención al PFC como centro de indagación. Más adelante me daría cuenta de que mi prejuicio previo no tenía que ver con el campo en cuestión, sin embargo en ese momento aún no tenía los elementos metodológicos para hacer una suspensión de mis prejuicios y confrontarlos con la experiencia de campo.

La primera vez que pisé el PFC no conocía a nadie. Llegué en el horario de práctica y me presenté con "el Perro", le dije que era alumno de

---

[19] Veremos que esto tiene matices, porque si bien se plantea como un arte efectivo en el combate "real", hay detrás de esto un gran ejercicio de regulación de la violencia en línea con las ideas planteadas por Norbert Elias y Eric Dunning (1992) sobre el concepto de mímesis.

[20] Esta asociación de MMA con la violencia "real" o una "hiperviolencia", tomando las ideas de Baudrilard, puede verse discutida en Downey (2014). Desde la perspectiva de los actores, las MMA representan la violencia más "realista" que puede tener un combate sin ser ilegal o letal.

Norberto y que quería practicar con ellos algunos días. Fui muy cuidadoso en resaltar que le había pedido autorización a este último, ya que tenía miedo de estar incurriendo en alguna falta. Él pareció minimizar esto: "Acá están todas las sedes bienvenidas, si sos parte de Insurgence podés entrenar en cualquier sede cuando quieras". "El Perro" no era la "cabeza de la escuela", pero era el referente principal. En ese momento se encontraba en lo más alto de su carrera como luchador de MMA y acababa de mudar su espacio de enseñanza a este nuevo lugar. La sede pertenecía a la academia Insurgence, que era la institución que abarcaba varias sedes en otras localidades del conurbano y una sede principal en la ciudad de Buenos Aires. En ese momento tomé conciencia de que no estaba entrenando en un lugar particular sino que formaba parte de una institución mayor de la cual desconocía casi todo.

Me tomó un par de meses comenzar a entender qué características tenía la institución, cuáles eran las relaciones entre sus referentes y cómo era la estructura organizacional. Por un largo tiempo lo que yo entendía era que la academia era una organización vertical liderada por los practicantes más antiguos y de mayor jerarquía, que era representada por el color de la *faixa* (el cinturón) y que se ordenaba hacia abajo con este mismo criterio. También creía que la clase era impartida por un *mestre* que era el más altamente graduado dentro del espacio de práctica, el tatami. Mi prejuicio previo, proveniente de mis experiencias pasadas, mis lecturas y los medios, me indicaban que la relación jerárquica debía ser rígida y con muestras de respeto de los grados inferiores hacia los superiores. Sin embargo, mis experiencias como practicante en esos primeros contactos chocaban con estas ideas. Por ejemplo, las relaciones entre los practicantes de diferentes grados eran de aparente igualdad y no había muestras de respeto como las que yo esperaba. Mis primeros pasos fueron, entonces, entender en qué institución estaba enmarcado este espacio de práctica y cuáles eran las relaciones entre los diferentes actores, al mismo tiempo que me hacía un lugar como practicante e investigador.

Insurgence: los rebeldes de Bulldog

La rebelión

La academia Insurgence había surgido unos años antes como una separación de la academia Bulldog. En los primeros años en los que participé en este espacio, el conflicto parecía estar a flor de piel entre los practicantes más antiguos pero sorprendentemente también entre aquellos que no habían formado parte de Bulldog. Como mencionamos anteriormente, Bulldog había sido una de las primeras academias en instalarse en Argentina. Su fundador, Federico Aoki, era brasileño y había entrenado en Brasil varios años. Al llegar a la Argentina fundó la academia manteniendo sus vínculos con sus *mestres* brasileños. Esto no es un dato menor ya que el rastrear la legitimidad de la graduación a una autoridad legítima era un punto importante. Desvincularse de alguien de mayor grado que valide el cinturón (símbolo de graduación) que uno porta es el equivalente a autograduarse, propio de los "fantasmas", término que refiere a quienes se arrogan un saber que no pueden legitimar ni con una genealogía ni con éxitos reconocidos en su carrera marcial.

Rodolfo Mares ingresa a esta academia como cinturón blanco, luego de haber estado entrenando un año y medio con César Jerez. Él hará su formación principal en el BJJ en esta academia para luego convertirse en el cabecilla de la rebelión dentro de la misma. En la entrevista que le realicé, así caracterizaba las clases que impartía Aoki:

> Y: ¿Y vos ahí empezaste con Aoki?
>
> RM: Con César Jerez. Estuve un año y medio con él y de ahí me pase a Aoki, que era más psicópata todavía... (…)
>
> Y: Pero ¿qué? ¿Te rompía alumnos?
>
> RM: Apagaba....era una forma muy a la antigua.... no te enseñaba prácticamente nada. Era curtirte y más curtirte.
>
> Y: Sobreviví o sea...
>
> RM: Claaro... y con el gordo, fue... un término medio al principio, si se quiere decir... entre eso y una enseñanza. O sea... con Federico yo pude

> aprender algunas cosas al principio, pero al cabo de un tiempo no, no era suficiente. Empecé a ser autodidacta. (…) Nada y fue prueba y error o sea ver una técnica que por ahí el tipo la empezaba y no la podía terminar porque se la habían defendido… y encontrarle la vuelta, mediante la práctica y el criterio… y no sé… (…)
>
> Y: Y, ¿él no pasaba técnica? ¿Por qué?
>
> RM: No no no, pasaba técnica… pero… pasaba muchas cosas fantasma…[21] en un momento.
>
> Y: ¿Ah sí?
>
> RM: Al principio, pasó un grupo de técnicas que servían, pero tampoco eran más efectivas porque… qué pasaba… era un tipo arriba de 100 kg… un tipo de 100 kg tampoco muy bien enseñado… y que era alguien que no necesitaba… si bien era creativo… pero nunca iba a entender las necesidades de un liviano. El tipo no le encontraba la vuelta de cómo hacer una técnica eficiente. "¡¡No pego la americana a 100 kg… no!! ¡¡Hacé fuerza!!" y después te decía "tomate un ayudín…"[22] Era esa la onda, era amigo de los patobas.

El relato de que en el pasado se enseñaba con mucha más rudeza era algo que se escuchaba seguido en varios testimonios y comentarios. Sin embargo, este relato pone en relieve algunas cosas importantes que serán retomadas al momento de la secesión. Aoki no daba clases bien, y los saberes que transmitía, pese a su legitimidad como cinturón negro, eran cuestionados en cuanto a su efectividad. El tema de la fuerza y la droga también serán relevantes al momento del cisma.

En la Argentina (y antes en Brasil) las academias locales no se construyen con base en los modelos de las instituciones japonesas o incluso del judo, del que nace el BJJ. Se mantienen los cinturones, uniformes, algunas normas de etiqueta, pero se pierden las graduaciones por examen, que son reemplazadas por criterios menos precisos y cambiantes que dependen de los intereses personales de quien dirige la academia. Por otra parte, en esos tiempos fundacionales, cada graduación impli-

---

[21] "Fantasma": en este contexto refiere a técnicas que no tienen valor práctico o son inaplicables en la lucha, pero que se ven bien o son ejecutables en el entrenamiento.

[22] "Ayudín" refiere a tomar algún tipo de anabólico o similar para tener más fuerza.

caba un pago por parte del graduado que era recaudado por el líder de la escuela, generando más suspicacias aún. La misma discrecionalidad se observaba en la designación de nuevos instructores y habilitación de espacios de práctica. De esta manera quienes avanzaban en la práctica veían limitado su crecimiento por criterios particularistas, la carrera ya no era algo claro y dependía del favor del líder. Uno de los efectos más notorios es el desplazamiento del sujeto ideal desde el "artista marcial" para convertirse en "luchador", donde cobran mayor peso los criterios de eficiencia técnica que deben traducirse en resultados palpables (salir victorioso en combates "realistas") . Deja de tener tanto peso el aspecto "moral" y los valores "tradicionales" que, por otro lado, se ven afectados por su "transnacionalización" múltiple que los transmuta y diluye en varios aspectos.[23] La academia Bulldog era un fiel reflejo, al menos según sus detractores, de este modelo.

En este contexto Rodolfo, junto con un pequeño grupo de practicantes avanzados, entre los que estaba "el Perro", decide separarse en protesta a esta organización cuasi carismática y particularista[24] llena de decisiones arbitrarias, caprichosas y económicamente motivadas (según los "rebeldes") y conformar una pequeña academia de BJJ con tan solo un par de sedes, a la cual llamaron "Insurgence". Los objetivos originarios, entre otros, eran que el *mestre* tuviera una relación más activa en el proceso de enseñanza, hacer más transparentes las graduaciones, eliminar intereses económicos y hacer más justo el ascenso de los estudiantes avanzados a los escalafones superiores. Pese a que en la génesis original del judo y en su evolución posterior al BJJ fueron cobrando protagonismo ciertas características modernas en cuanto a la organización, todavía prevalecían algunos valores "tradicionales". En particular, la idea de cambio de escuela o abandono era percibida como traición muy fuerte que tenía aparejados muchos sentimientos encendidos. Los "creontes"[25] eran muy mal vistos, no perdían el grado alcanzado (no se los degradaba) pero no podían avanzar porque no había forma de legitimar un grado superior. Esto lo

---

[23] Ver Farrer y Whalen-Bridge (2011)NY (USA.

[24] Para una discusión de por qué los criterios particularistas resultan problemáticos en las organizaciones, ver Perrow (1990: 9-11).

[25] Término nativo que describe a los traidores, aquellos que abandonan a su *mestre* y a su academia. El término tiene su origen en un personaje de un programa de televisión de Brasil (para más información, ver el artículo "Creonte", en el sitio web Pasando Guardia, del 26 de abril de 2015).

solucionaron con un breve viaje a Brasil donde una escuela reconocida accedió a graduarlos a los niveles superiores (cinturón negro) que los habilitaba para ser cabezas de escuela. Como ya mencionamos, los saberes necesitan de una legitimación, un certificado otorgado por alguna institución ya establecida y reconocida: por más que los saberes de quienes se separaban tuvieran cierta legitimación práctica (victorias profesionales en MMA y reconocimiento de pares), se necesitaba de un certificado que convalidara el rango. Sin este "elemento de estatus" hubiera sido más difícil continuar por su cuenta sin ser sospechados de ser "fantasmas".

La estructura de la nueva academia era bastante sencilla. Estaba formalmente liderada por Rodolfo, que comandaba la sede de Capital Federal. Sin embargo, dada la trayectoria y el carisma que "el Perro" poseía podríamos decir que este estaba por delante de Rodolfo dentro de lo que Perrow (1990: 43) llama "orden de jerarquía no oficial" de la institución. Más aún, "el Perro" era el dueño del PFC, mientras que la sede que Rodolfo tenía a cargo no estaba en un espacio propio sino que compartía la administración con otra persona con la que mantenía una relación hostil y la cual no pertenecía a la academia ni practicaba BJJ. En lo que se refiere a las graduaciones, no se cobraban y el criterio seguía siendo particularista, discrecional y sin examen pero tenía en cuenta la cantidad de entrenamiento efectivo, el grado de progreso, los logros deportivos y el nivel de involucramiento en la academia.

Bulldog: diferencial moral

Como se mencionó anteriormente, la secesión de la academia Bulldog antes estaba muy presente entre los miembros del PFC. En cada torneo siempre se comparaban cuántos "podios"[26] se habían logrado en comparación con la academia Bulldog. Siempre eran menos ya que Insurgence era muy pequeña en comparación con Bulldog, sin embargo se resaltaba que en proporción de competidores inscriptos siempre estaban por arriba. Era más que una competencia, había un componente que claramente resaltaba los valores que representaban a la nueva academia como fundamento de la mejor *performance*. En particular, se ponía de manifiesto el "no hacer un negocio del BJJ" como un elemento que indicaba un mayor compromiso con el arte marcial y en alguna medida como un signo de pureza del arte. "En Bulldog lo que les importa es cobrarte la graduación, acá no, vos te

[26] Primeros, segundos y terceros lugares en la competencia.

gradúas cuando tenés el nivel y nadie te va a cobrar por eso", comentaba un practicante con algunos años de práctica pero que no había formado parte de Bulldog. En este sentido Bulldog era un "otro" a partir del cual se construían los valores propios de Insurgence. Un "otro" importante ya que al mismo tiempo conformaba el mito fundacional del origen de la academia; la rebelión había sido en parte por una "decadencia" de la institución madre y los valores "auténticos" del BJJ eran los que los rebeldes decían haber recuperado. Rodolfo decía al respecto:

> No, es que éramos distintos. Queríamos hacer algo distinto. Nuestra aspiración era ser los mejores. Y nuestra forma de ser y trabajar era honesta. Es decir, no cobrábamos la graduaciones, ni nada por el estilo... yo fui igualmente el más cerrado con eso... el más traumado, porque estuve más tiempo con el gordo.[27]

Sin embargo, en el relato de por qué se tomó la decisión de separarse, lo que parece haber desencadenado la decisión fueron situaciones de índole personal entre los principales involucrados, Aoki, Rodolfo y "el Perro". Eventos que no eran del todo conocidos ni relevantes para quienes los habían seguido y para los nuevos miembros. Lo que importaba era de qué forma eran diferentes, cuáles eran los valores propios de un "luchador" que los iban a convertir en los mejores, no nuevos conocimientos sino un diferencial moral. Sin embargo estos valores no surgían espontáneamente, como se ve en el relato de Rodolfo; el cambio fue traumático. No solo por el aspecto económico sino por el proceso de dejar de ser miembro de Bulldog y pasar a construir una identidad nueva. En este sentido la reafirmación en la diferencia de valores se convirtió en el elemento central para facilitar este cambio.

Horus: los valores y la comunidad de practicantes

Pero Bulldog no era el único "otro" frente al cual se posicionaban los miembros de Insurgence. El otro gran opuesto era la academia de MMA Horus. La historia de esta academia no está relacionada con el BJJ de forma directa, si bien lo entrenan como parte de su formación como peleadores de MMA. Sin embargo, es importante porque ilustra la relación que hay entre la práctica de MMA y el BJJ. Como se desprende del relato histórico, las MMA nacieron en relación muy cercana con el BJJ pero luego tomaron

---

[27] Se refiere a Federico Aoki.

un rumbo propio. Eso hizo que aparecieran academias que enseñaban esta disciplina de forma independiente donde el BJJ solo era parte del currículo de entrenamiento y no se practicaba como actividad independiente. Si la primera diferencia era no practicar el BJJ como un arte en sí misma, la segunda era el no uso del uniforme propio del arte. En BJJ los entrenamientos se realizan generalmente con un kimono, que es una vestimenta de dos partes, un chaleco y un pantalón, sobre la que se pone el cinturón que demarca el grado. A diferencia de otras artes marciales como el karate o el *taekwondo*, en el BJJ, al igual que en el judo, la ropa forma parte de las técnicas de combate. Es decir, se puede usar para derribar, estrangular o inmovilizar al contrincante. En las MMA, los oponentes no usan más que una bermuda y guantes, por lo cual la ropa no forma parte del repertorio de técnicas. Pero el kimono es más que solo un uniforme o una ropa de práctica: para los practicantes de BJJ, es una marca de distinción y de pertenencia. Los practicantes se refieren a este como "la segunda piel" o "la armadura" para denotar el hecho de que forma parte de ellos en su papel de luchador de BJJ o incluso parte de su persona. Si bien ellos entrenan muchas veces sin el kimono (lo que denominan *grappling, no gi*[28] o *submission)*, se considera que todo practicante tiene que entrenar con kimono para "entender realmente" cómo es el arte. El hecho de que los miembros de Horus nunca usaran esta prenda era considerado como una forma de entrenamiento superficial y de ignorancia por parte de los miembros de Insurgence.

Las otras razones por las cuales se planteaba una oposición con esta academia eran la competencia en el campo de las MMA para aquellos practicantes que se desempeñaban en ambas disciplinas, la forma de entrenar y su actitud ante la competencia en general. La primera de estas razones puede verse solamente desde un plano deportivo o competitivo, pero tienen matices de interés que no trataremos en este trabajo porque implica una reposición mayor del campo de las MMA. La segunda de las razones es de particular importancia porque define de alguna forma cuáles son los valores propios de la academia Insurgence y la relación pedagógica

---

[28] *"Gi"* es el término que se usa para referirse al kimono, particularmente en la literatura especializada. En otras artes marciales se refiere a este como, por ejemplo, *judogi* o *karategi,* donde la terminación refiere a que es la vestimenta. Un practicante avanzado de judo que también hacía BJJ mencionó alguna vez que kimono se refiere a la vestimenta de las *geishas* y que no es apropiado el nombre para referirse a la ropa de práctica.

entre el *mestre* y el alumno, lo que a su vez da forma a la modalidad de transmisión de conocimientos. Al igual que en el caso de Bulldog,[29] con Horus se planteaba una diferencia a la hora de enseñar. Según los testimonios y anécdotas recopiladas, en Horus el entrenamiento era mucho más "violento" y competitivo. "No se cuida al compañero", "Tenés que sobrevivir los primeros meses", "Se entrena para lastimar", eran algunas de las cosas que se escuchaban al referirse a Horus. Para los practicantes de Insurgence, y como parte del diferencial que se planteaba también con Bulldog, el compañero de entrenamiento es quien te ayuda a progresar en el aprendizaje. Si bien es necesaria la oposición del otro para aprender, no es necesario ni deseable que el entrenamiento sea "para lastimar" al otro. Se considera que hay que cuidar al compañero. El antagonismo entre practicantes debe ser lo suficiente para practicar la técnica pero no debe atentar contra la salud del compañero. El discurso que se oponía a esta idea afirma que si el otro no tiene intención de lastimar, si no hay amenaza real, entonces uno no está practicando algo "realista" o que sirva para una situación "real". Este nivel de contacto o modalidad de antagonismo propio es una forma de diferenciación que se convierte en un valor propio de Insurgence y otras academias similares. Curiosamente funciona también para diferenciarse de otras artes marciales como el *taijiquan* o el *kung-fu* pero de forma inversa; en ese caso se los considera artes "fantasmas" o "maricones" por tener menos contacto físico en las prácticas. Estos elementos conforman parte de cierto discurso propio de una construcción de masculinidad particular que no trataremos en este trabajo, pero que son parte del tipo de *ethos* marcial que cada grupo elabora y un valor dentro de su armado comunitario.[30] Pero más allá del aspecto sobre el tipo de relación antagónica entre los practicantes y el *ethos* marcial, la determinación de qué es aceptable o no en la práctica es un elemento para distinguir conductas violentas de las que no lo son. En este sentido forma parte del dispositivo de regulación de la violencia propio de cada grupo de practicantes, que muestra diferencias aún dentro de un mismo arte marcial.[31]

[29] Ver el testimonio de Rodolfo Mares al respecto de la forma de enseñanza de Federico Aoki.

[30] En este sentido, si bien no específicamente sobre el BJJ, podemos ver los trabajos de Holthuysen (2011), Spencer (2012), Vaccaro, Schrock y McCabe (2011) y Woodward (2007), entre otros.

[31] La discusión sobre el tipo de regulación de la violencia excede los objetivos de

La tercera razón para oponerse a la academia Horus era su actitud en las competencias. Esto en gran medida está relacionado con el punto anterior sobre la modalidad antagónica y el nivel de violencia en la práctica, pero también con una actitud sobre cómo es el comportamiento adecuado del luchador, su *ethos* y el vínculo que establece con sus compañeros. Insurgence y Horus no compartían espacio de competencia en el BJJ pero sí en MMA. Los miembros de Insurgence veían con muy malos ojos la forma en la que ellos entendían que los miembros de Horus trataban a los competidores que no resultaban victoriosos en competencia. Una anécdota contada por un miembro de la academia, en relación con un evento de MMA en el Luna Park, da cuenta de esto:

> ¡Cuando "el rasta" perdió la pelea, en la esquina le dieron la espalda y se fueron al vestuario! ¡Ni subieron a acompañarlo! ¡Uranga[32] ni lo miro a los ojos! ¡Eso no está bien! Si perdés estás solo, no es como nosotros que siempre acompañamos no importa el resultado. En las buenas y en las malas.

De esta forma, el PFC representaba una comunidad de practicantes que compartía un universo simbólico común alrededor del *ethos* propio del luchador, la tradición propia del arte marcial, la historia particular de la academia y los lazos que se generaban tanto en las interacciones sociales como en el acto de luchar. Este vínculo se extiende a otras sedes de la academia, pero es especialmente fuerte y marcado en aquellos espacios de práctica dirigidos por quienes fueron expracticantes del PFC o entrenaron juntos en Bulldog previamente a la separación de Insurgence. En términos nativos esto es a lo que se refieren con expresiones como "compartimos el tatami".

La comunidad

Quienes participan por largos periodos de tiempo terminan compartiendo en mayor medida el mundo que el PFC provee y esto se vuelve

---

este trabajo, sin embargo depende fuertemente de la definición de una conducta violencia desde la perspectiva analítica. En este sentido podemos referir a los trabajos de Mathews y Channon (2016), Miller (2008) y Noel y Garriga Zucal (2010). Para una discusión que pone en relación los conceptos de la regulación de la violencia en términos de mímesis de acuerdo a Norbert Elias se puede ver también: García y Malcolm (2010) y Garriga Zucal y Buccellato (2016).

[32] Líder de la academia Horus.

particularmente absorbente. Al hacer un recorrido por las redes sociales de los miembros del PFC, nos encontramos con referencias a la práctica del BJJ y a la pertenencia al *fight club* de forma casi monotemática. Por ejemplo, en Facebook, muchos de ellos elegían completar los campos que refieren a los lugares de estudio y trabajo como "PFC". Sus perfiles estaban por lo general llenos de fotos "postreino",[33] donde todos los practicantes presentes se sacan una foto grupal abrazados o posando de alguna forma. Las referencias a las ideas de "hermandad" o "familia" eran muy frecuentes, especialmente para referirse a los miembros del PFC más que a la academia en sí misma. Es en las redes sociales donde se continúa con la socialización entre los miembros ya que se continúan discusiones y se comentan videos que se suben a las redes. Sin embargo el grupo no necesariamente desarrolla actividades sociales en conjunto por fuera del PFC y las redes sociales, salvo eventos especiales donde por lo general se abre la participación a otras sedes de la academia. En estos casos los eventos servían más bien para mantener activos los vínculos con sedes con las cuales los miembros no interactuaban tan seguido. Los vínculos comunitarios estaban estrechados de forma más cerrada alrededor de la sede en la que se practicaba y no con la academia en sí misma. Los miembros de la comunidad tomaban la pertenencia al PFC como parte de su construcción identitaria frente al mundo, lo que no implicaba necesariamente estar todo el tiempo rodeado de sus pares. Los participantes del PFC formaban grupos entre ellos y compartían otros espacios sociales, pero esto no era necesariamente así, ya que ser parte de la comunidad del PFC no implicaba que esto se extendiera a todos los espacios. Sin embargo, más allá de los horarios de práctica, los días feriados se organizaban eventos llamados "clandestinos"[34] donde todos podían juntarse y luchar por varias horas. Estos eventos por lo general ocurrían en todas las sedes y uno podía elegir si juntarse con sus compañeros de práctico o ir de visita a las otras sedes.

Existía también un sentimiento de identidad compartida con otros practicantes de BJJ y MMA por el hecho de que son luchadores, sin embargo esto no se definía en términos de "hermandad" o "familia" sino

---

[33] "Treino" refiere al momento de entrenamiento.

[34] El término "clandestino" refiere a que cuando el PFC tenía su sede en otro lugar no estaban autorizados a abrir los días feriados. Por tal motivo los practicantes lograban abrir furtivamente el lugar de entrenamiento para poder luchar sin que "el Perro" se diera cuenta.

más bien como el hecho de que se los reconocía como pares. En este sentido, se consideraba que quienes practicaban BJJ o MMA compartían una experiencia de inmersión en un mundo simbólico similar y al mismo tiempo se sometían a prácticas que afectaban su subjetividad-corporalidad de forma similar, los mismos dolores, las mismas emociones y las mismas formas de vestir.

Había una actitud que se plasmaba en la forma de vestirse, en el caminar y al exhibir marcas corporales como las "orejas de coliflor"[35] o los tatuajes. En el primer caso esto representaba un signo identitario de quienes practicaban lucha de algún tipo, permitía reconocer a alguien como luchador sin más que mirarle las orejas. Al mismo tiempo los cuerpos tatuados,[36] en particular con motivos japoneses (peces *koi*, samuráis, etc.), frases alegóricas, guerreros (vikingos, gladiadores, gauchos, etc.), entre otros, eran también indicios de que una persona era practicante de BJJ o MMA. En aquellos primeros momentos del trabajo de campo lo más significativo era la vestimenta como marca identitaria. "El Perro", junto con un tatuador de una importante galería de culto en la ciudad de Buenos Aires, se encargaba de traer prendas importadas de marcas asociadas al mundo del MMA. La estética de todas estas prendas era bastante reconocible, tenía motivos muy visibles y por lo general alegóricos al combate, el dolor o el sufrimiento. Las prendas no eran fáciles de adquirir en locales comerciales, por lo tanto quienes las vestían las habían conseguido a través de gente que las traía especialmente para la clientela de practicantes de estas disciplinas. Vestir esas prendas implicaba saber dónde obtenerlas y por lo general, como en el caso del PFC, era en el mismo lugar de práctica donde se lograban esos contactos. De esta forma había toda una serie de prácticas relacionadas con el cuerpo-objeto, prácticas reflexivas[37] que apuntaban a proyectar una imagen hacia los otros. Así, el uso performativo del cuerpo y su vestimenta pretendía generar un sentido de identidad[38] y al mismo tiempo presentarse ante los pares como "luchador" y ante los

[35] Deformación del cartílago de la oreja, producto del rozamiento de las mismas en el acto de luchar. Se producen cuando hay hemorragias en la oreja que no se drenan adecuadamente. Con el paso del tiempo el cartílago de la oreja se va deformando y perdiendo su forma. Ver Fotografía 5.

[36] Ver Fotografía 7.

[37] Ver capítulo primero.

[38] Como introdujimos en el capítulo primero, la *performance* puede ser hacia un otro externo y al mismo tiempo hacia uno mismo "como otro", es decir, uno mismo como espectador.

que desconocían este mundo del BJJ infundir una cierta sensación de rudeza y peligrosidad.[39] En mi experiencia de campo, esto me resultó claro cuando me encontraba trabajando en un banco como consultor informático y un empleado me dijo: "Vos practicás *jiu-jitsu*". Su observación me sorprendió sobre todo porque para mi trabajo profesional yo trataba de proyectar una imagen acorde al entorno corporativo donde realizaba mis tareas. Sin darme espacio a responder me dijo: "Esas orejas te delatan". En este sentido, puso en evidencia que quienes practican esta disciplina están siempre atentos a los signos de pertenencia.

La pertenencia a esta comunidad no es automática, no todo ingresante pertenece a esta. En primer lugar, quienes ingresan no están obligados a vestir el kimono. Tener este uniforme es algo voluntario que no se espera que se realice de forma inmediata, sin embargo no tenerlo implica una imagen proyectada, una identidad específica en el tatami que no es equivalente a la de quien ya lo ha comprado. Quien se ponía el kimono por primera vez era elogiado y felicitado por sus pares; a partir de ese momento, el kimono es parte de su identidad física, de manera tan fuerte que, como ya mencionamos, se lo llama "la armadura" o "la segunda piel". Otro aspecto muy frecuente que forma parte de esa acción sobre el sujeto es la asignación de apodos. Esto no suele suceder de forma inmediata, incluso si el practicante tiene un apodo previo no hay garantía de que se lo vaya a respetar, uno no elige los apodos. La asignación de este se da a partir de algún rasgo físico, alguna característica en combate o algún aspecto que sobresalga de la personalidad (algunas veces hace referencia a alguna actividad del "mundo exterior" del ingresante, pero es menos usual). Sin embargo, el determinante más fuerte lo constituye el hecho de que el practicante mostrara en su conducta y su tratamiento del cuerpo-objeto los signos exteriores de la interiorización del *ethos* propio del grupo. Si bien hay un mínimo de conocimientos y eficacia en la lucha que se espera que se tenga para el tiempo de práctica, no son esenciales para ser considerado como parte de este. Lo importante es que esta imagen proyectada sea satisfactoria, los resultados pueden llegar después.

El rol de la academia como institución y las jerarquías

En Insurgence el sentimiento comunitario era el principal elemento que daba una cierta unidad identitaria a los practicantes. El aspecto ins-

[39] La función gorgónica que presentan A. Dembo y J. Imbelloni (1938).

titucional, en el sentido que se consideró en el primer capítulo, no estaba muy marcado, el hecho de que no hubiera que pagar las graduaciones ni hubiese otras obligaciones para con la academia como institución hacía que el aspecto normativo institucional no fuera muy fuerte.

Se respetaban las jerarquías de las *faixas* que correspondían a las normas institucionales pero se minimizaba el aspecto formal. En este sentido, no había criterios explícitos y formales para las graduaciones, estas se otorgaban de acuerdo con los "logros" (competencias o *performance* en las luchas) y el "tipo de persona" que fuera; esto último incluía elementos como "que sea buen compañero", "que no le luche a romper a los compañeros" o que sea "un tipo respetuoso". En este sentido, "el Perro" decía: "Cualquiera puede aprender a luchar, vas a unas clases y entrenás un tiempo en varios lugares, pero ser un luchador es algo más". Este "algo más" implica interiorizar el *ethos* marcial propio de la academia y al mismo tiempo ser parte de la comunidad. La *faixa* se convierte en un signo de distinción que implica respeto pero que se la relativiza si el practicante deja de estar a la altura de los valores comunitarios. En esos casos, cuando se resaltaba la jerarquía para invocar el respeto hacia algún miembro, se contestaban cosas como: "La *faixa* sirve para atarte el kimono, nada más"; es decir, que lo que cuenta es el luchador. En este sentido, cabe resaltar que la pérdida de *performance* en combate también representaba un elemento que relativizaba la jerarquía, pero no era automático. A practicantes que por circunstancias de la vida, edad o cuestiones de salud habían perdido su capacidad en el combate se los excusaba a menos que esto se convirtiera en una condición permanente. Sucedía lo mismo con aquellos que no podían alcanzar un mayor nivel de *performance* que sus compañeros del mismo grado pero que persistían en el entrenamiento y formaban parte de la comunidad: "el Perro" decía que "no todos los graduados son iguales, hay *pretas* y *pretas*,[40] no todos pueden ser campeones mundiales y no por eso dejan de merecer la *faixa*". En este sentido, "el Perro" afirmaba que graduarse era más que saber luchar, que había que ser "buen compañero" y había que tener dedicación. Pero estas salvedades solo eran válidas para quienes pertenecían a la academia, ya que si el practicante venía con una graduación de otro lugar se lo ponía a prueba para ver si "era de verdad" que tenía esa *faixa*, si no estaba a la altura se consideraba que era medio "fantasma".

[40] Se refiere al cinturón negro.

Obtener la *faixa* no era tarea sencilla: a diferencia de otras artes marciales, los practicantes de BJJ en general se jactan de que cada graduación toma mucho tiempo. No son muchos cinturones los que separan al iniciado (*faixa* blanca) del consagrado (*faixa preta*).[41] El primer nivel es que se obtiene es el de *faixa* azul[42] que, según "el Perro", es el más difícil de obtener porque hay que pasar alrededor de dos años de entrenamiento para poder tener el grado mínimo. "Antes de eso no sos nada", había dicho una vez. Luego del cinturón azul se obtiene el violeta: nuevamente, el periodo es de dos años. Del violeta se pasa al marrón, en otros dos o tres años, y luego, en teoría, son de cuatro a seis para obtener el *preta*, el cinturón negro. Los tiempos varían entre academia y academia y tampoco se respetan entre distintos practicantes; por ejemplo, mi primer cinturón me fue otorgado al año y medio de práctica. Obtener la *faixa* podía ocurrir en cualquier momento, dependiendo de la decisión del *mestre*. El momento en el cual se la obtenía era ocasión para el ritual de "el túnel".[43] Este rito de iniciación, siguiendo a Van Gennep (2008: 15), consistía en que el graduado debía cubrirse la espalda y la cabeza con la chaqueta de su kimono y atravesar corriendo ida y vuelta entre dos filas de compañeros que lo azotaban en la espalda y las piernas con los cinturones.[44] Si el graduado caía al piso, lo que a veces era provocado, se lo golpeaba hasta que se levantaba y seguía su camino. Los golpes en la cara y los testículos no eran infrecuentes. La flagelación como parte del rito de iniciación tiene varias interpretaciones posibles (Van Gennep, 2008: 240), pero en este caso podemos asociar el pasaje por el trance doloroso como una forma de demostrar una capacidad de soportar el dolor propia de la imagen del luchador.[45] Pero, más allá de este ritual particular, no había otra marca institucional formal que indicara la graduación, no se entregaban certificados ni se inscribía al graduado en ningún registro.

[41] La siguiente descripción sobre los grados se aplica a la academia Insurgence, sin embargo está ampliamente difundido como sistema dentro del BJJ. Algunas academias introducen los *grau* como graduación intermedia entre cinturones, que se denotan como unas cintas blancas que se adhieren a la punta del cinturón.

[42] Si el practicante es menor de 16 años no puede promocionarse a este grado, por tal motivo hay una serie de cinturones intermedios.

[43] Lo mismo sucedía en las fechas de cumpleaños.

[44] Ver Fotografía 8.

[45] Esto está profundamente ligado también a una cierta construcción de la masculinidad en el BJJ. Los "túneles" también se realizaban cuando el graduado era una mujer pero eran deliberadamente menos intensos y hasta a veces eran obviados.

Pero la graduación no era el único signo de vínculo débil con la academia como institución. Por ejemplo, salvo para las competencias que tuvieran reglamentos internacionales, uno podía utilizar un kimono de cualquier color y coserle los "parches"[46] que uno quisiera. Por otro lado, cada sede de la academia era libre de crearse un logo o escudo propio y no había ninguna reglamentación sobre cómo debía hacérselo. Con estos ejemplos se puede ver que de alguna manera el espacio de acción de los practicantes no estaba regulado formalmente, sus conductas se desprendían más que nada de la interiorización de cierto *ethos* marcial que tenía casi siempre un sabor local propio de cada sede y fuertemente influenciado por la relación que cada *mestre* tenía con sus alumnos.

Reflexiones

En este capítulo me propuse reponer cierto marco histórico cronológicamente ordenado sobre el origen del BJJ, su llegada a la Argentina y la fundación de la academia Insurgence. Sin embargo, esta cronología no fue evidente desde la entrada al campo, sino que solo después de haber realizado un buen número de entrevistas, y de haber recogido anécdotas, relatos de los actores y material bibliográfico, fue posible organizar esta narración con un orden cronológico, resaltando ciertos acontecimientos particulares. Sin embargo, como menciona Ricoeur (2006: 11), la historia narrada es siempre más que la mera enumeración de sucesos: los organiza en un todo inteligible. Y este todo tiene un objetivo particular, que es poder sintetizar cuál es la mirada que construí luego de transitar por el campo durante varios años. En el primer capítulo referí una serie de categorías analíticas que representan esta perspectiva particular y son aquellas que guían la trama de este relato, que es la reposición de mi primer momento en el campo. Los practicantes de BJJ están sumergidos en un entorno profundamente moral del cual ellos son conscientes y construyen activamente lo que he llamado "*ethos* marcial", que es lo que para los practicantes significa convertirse en "luchador" o "artista marcial", pero también en "guerrero" o "samurái". De esta forma, este *ethos* está ligado a una tradición inventada que lo asocia a antecedentes míticos sobre el arte marcial que muchas veces no se reflejan en los datos históricos, pero

[46] Refiere a un pedazo de tela decorativo que puede contener algún dibujo o mensaje. Por lo general lleva el nombre de la academia o incluso el apodo del practicante, con algún dibujo alegórico.

que no resulta relevante ni cuestionado por el practicante. Esta tradición y este *ethos* son compartidos por una comunidad de pertenencia de la que el individuo forma parte y en la que tiene un lugar en una jerarquía y construye una identidad propia. Dicha construcción deja sus marcas corporales que inscriben signos en el cuerpo-objeto de los practicantes para ser leídos por "otros" y producir un efecto (*performance*). Y son algunos de estos "otros" que se les oponen a la comunidad, y es a partir del posicionamiento frente a estos, en los que se definen varios de los aspectos relativos al *ethos* marcial particular y al mismo tiempo el tipo de orientación al combate y la forma propia de regulación de la violencia. Tampoco podemos pensar el *ethos* sin considerar cuándo es legítimo utilizar la violencia y, más aún, qué significa violencia. Se puede ver también cómo la comunidad, la historia y el *ethos* específico ayudan a dar forma a una construcción institucional con un programa propio, la cual, al mismo tiempo, sirve de marco regulatorio para los individuos dentro de la comunidad y para sedimentar la historia oficial. De esta forma, las categorías analíticas se encuentran profundamente interrelacionas y operan simultáneamente, la separación solo se propone como una abstracción de ciertos elementos que permite entender esta interacción compleja.

El relato autoetnográfico con el que abrí este capítulo intenta poner todos estos elementos juntos en un acontecimiento específico que al mismo tiempo permita crear la ilusión de cómo todo esto se experimenta en simultáneo, prescindiendo de la mirada analítica. La narración introduce una cantidad de elementos que resultan ininteligibles sin cierto conocimiento del campo en cuestión. En este capítulo hemos podido aclarar algunos de ellos y de esa forma darle cierto sentido a esa historia. Sin embargo, hay muchos aspectos más por considerar para poder comprender todo lo narrado. En los próximos capítulos espero que estos elementos faltantes puedan sean comprendidos, para que al leer esos párrafos nuevamente se pueda percibir la síntesis de toda esta complejidad dada en una experiencia particular.

Capítulo 3

Novo Mundo: Insurgence se hace global

En el capítulo anterior se presentó a la academia Insurgence en el contexto de su separación de Bulldog y el comienzo de su construcción institucional. En ese recorrido se resaltó la construcción del *ethos* propio de la academia donde primaban ideas de igualdad o fraternidad entre pares más allá de las jerarquías, críticas a la idea de lucro ("no hacer un negocio del BJJ") y la idea de que quien daba las clases debía mantener una relación cercana con los alumnos. En el año 2012 todos estos valores que se venían construyendo desde hacía cuatro años, y que formaban parte de la identidad compartida por sus practicantes, van a sufrir un profundo impacto cuando los "cabezas de escuela" de Insurgence deciden fusionarse con la academia Novo Mundo. En este capítulo relataremos este proceso de transformación que tuvo impactos profundos tanto en la construcción institucional como en todas las otras dimensiones propias de la academia.

Abordaremos también en este capítulo algunos aspectos importantes que no fueron tratados anteriormente, como el tema de las drogas, la nutrición, las competencias y las ideas de salud asociadas a la práctica del arte marcial. Todo esto se encuentra en relación con la tensión dada no solo por el proceso de fusión de las academias sino por las contradicciones que generaron el pensar la práctica de BJJ como arte marcial o como deporte. Aunque no estaban ausentes en el período anterior, estos temas cobraron especial significación en esta etapa debido a los reajustes que se dieron en el marco de la fusión, y por el crecimiento mediático del MMA. Este período también coincide con el momento de mayor inmersión en el campo, lo que llevó a ciertas transformaciones tanto en mi rol como investigador como a nivel personal. Estos cambios son parte misma del proceso de producción de conocimiento y llevaron a ciertas reflexiones sobre cómo es el proceso de afectación[1] recíproca que se da en el marco del trabajo de campo.

Fusión con Novo Mundo

A fines del 2012 se produce la fusión de la academia Insurgence con la academia internacional Novo Mundo, que ya tenía sede en Argentina. Las razones que llevaron a esta fusión fueron varias, tanto por cuestiones propias de la academia como por coyunturas de orden más global. Por un lado estaba el problema de que Insurgence era una academia "huérfana": cuando Rodolfo Mares y "el Perro" se separaron, Rodolfo no tenía grado de cinturón negro (*faixa preta*), es más, la tardanza en graduarlo había sido una razón de descontento más. El problema era que ahora que no formaban parte de Bulldog no tenían forma de promoverse a un grado superior. Aoki, el titular de Bulldog, al menos conservaba cierta filiación con el país de origen y tenía legitimidad por haber sido graduado como *faixa preta*. ¿Por qué era importante esta *faixa*? Sin ella no se podía graduar a los alumnos, solo alguien con la *faixa preta* puede otorgar graduaciones. En su momento, Rodolfo solucionó esto con un viaje a Brasil donde se le concedió la graduación por su trayectoria, sin embargo esto no implicó una asociación permanente con una escuela en Brasil donde hubiera grados superiores[2] que pudieran continuar promoviéndolo. No tener tampoco una filiación con una escuela brasilera también implicaba cierta pérdida de prestigio. Sin embargo, esta no fue la única razón para fusionarse.

Desde hacía ya un año, varios de los atletas principales de Insurgence estaban haciendo periódicamente viajes a Brasil, a una sede de Novo Mundo, a entrenar por períodos prolongados. Esto se daba en el marco del interés de participar en competencias internacionales y posiblemente dedicarse de forma semiprofesional al BJJ o las MMA, del cual Novo Mundo era referente mundial ya que poseía al menos un campeón en la franquicia de UFC. En ese momento en la Argentina las MMA estaban cobrando fuerza en los medios masivos y se popularizaba a pasos agi-

---

[1] Retomando algunos conceptos expresados por Jeanne Favret-Saada (2013).

[2] A partir de la *faixa preta* las graduaciones consisten en *grau* que se van acumulando hasta el séptimo, cuando se otorga la *faixa coral* y luego, a partir del noveno grau, se otorga la *faixa vermelha* y la *vemelha ponta dourada* en el décimo *grau*, que es el máximo nivel.

gantados, y las peleas profesionales comenzaban a ofrecer "bolsas"[3] que hacían viable pensar en esta actividad profesionalmente. Se había organizado eventos locales con peleadores mediáticos, aunque quizás no tan respetados por los practicantes locales, lo cual hacía pensar que la actividad tenía un futuro prometedor.[4] En el BJJ, si bien no se podía pensar de forma tan optimista, había nuevas oportunidades en competencias como el Mundial de Río de Janeiro que permitían lograr un importante prestigio y facilitaban la obtención de *sponsors* para financiar la carrera *amateur* del practicante. Pero muchos también usaban este prestigio logrado en el BJJ para catapultarse a las MMA, como fue el caso de un miembro de Insurgence que, luego de ganar dos veces seguidas este mundial, comenzó una carrera en las MMA que lo llevó a obtener un contrato en el XFC (Xtreme Fighting Championships) de Brasil y luego en el *reality show* UFC Latinoamérica. En este contexto, varios de los atletas viajaban a Brasil y permanecían un mes o más entrenando una o dos veces al día con los equipos profesionales de Novo Mundo. El nexo para poder llevar adelante estos viajes fue João Fernández, el cabeza de escuela de la sede local de Novo Mundo, que no era tan grande como Bulldog pero que tenía el nombre como marca de prestigio. Fue en uno de estos viajes que hicieron "el Perro" y Rodolfo que se les propuso fusionar la sede local de Insurgence con Novo Mundo. Claramente había un interés recíproco ya que los peleadores de Insurgence tenían un buen nivel y esto le permitía a Novo Mundo ganar prestigio en otro país latinoamericano con potencial de crecimiento fuera de Brasil. Este logro fue en gran parte conseguido por "el Perro", quien había articulado el vínculo con João Fernández y al mismo tiempo aglutinado varios peleadores con prestigio alrededor del PFC. Rodolfo, pese a ser el cabeza de escuela, confiaba en "el Perro" y lo seguía en su emprendimiento.

> A la vez yo también me fui abriendo por él, él fue el más abierto y me fui abriendo porque él... porque digo, si él es un buen tipo, le habla este tipo, algo bueno tiene que tener. Entonces fui haciendo eso. Y bueno...
> (Rodolfo Mares, comunicación personal)

---

[3] El pago que recibe un peleador por luchar en un evento.

[4] Por ejemplo la serie de tres peleas entre "El ninja" y "Acero" Cali que empezó en el 2010 en Mar del Plata y concluyó en el Luna Park en el 2013, con transmisión en vivo por los principales canales de aire.

Las posibilidades de crecimiento para la academia se abrían a nuevas dimensiones si se consideraba la fusión. Los objetivos eran nuevos y no se correspondían completamente con los motivos por los cuales unos años atrás se habían separado de Bulldog, sin embargo, *a priori* no resultaban conflictivos. Claramente Rodolfo y "el Perro" veían ciertas dificultades para el crecimiento que requerían acciones concretas. En este sentido, "el Perro" comentaba en una conversación informal después de un entrenamiento: "El tren pasa una vez, si no lo agarrás no vuelve". Esto mismo comentaba Rodolfo en una entrevista años después:

> Cuando Juan ("el Perro") me dijo que Melquíades,[5] o sea... me ofreció esto, dije que sí de una. Y no lo dije por mí, pero sentí como que iba a necesitar un cambio, algo tenía que ser diferente de lo que estaba pasando. Lo que estaba pasando no estaba bien, y fue eso. Y pensé en los nuevos, en los que venían. Porque para mí, bueno... no pasa nada pero la cuestión era para los pibes, que ya estaban entrenando allá. (Rodolfo Mares, comunicación personal)

La fusión trajo muchas más consecuencias de las que se esperaban inicialmente. Novo Mundo traía consigo una lógica institucional que iba a chocar con las formas locales y que en particular iba en contra de varios de los valores propios de la comunidad de Insurgence y el *ethos* de sus miembros. "El Perro" y Rodolfo lo sabían pero se mostraron resueltos en acelerar el cambio, lo cual no fue sin consecuencias ni conflictos.

Marca registrada

Como se presentó en capítulo anterior, la conformación de una academia implicaba una serie de procesos que afectaban a los vínculos dentro de la comunidad y la construcción de un *ethos* particular por oposición a sus otros. Como vimos, los "otros" más importantes de Insurgence eran las academias Bulldog e Isis, las cuales también mantenían relaciones de oposición. En cuanto a Novo Mundo, si bien no movilizaba sentimientos y discursos hostiles o profundos, se mantenía una distancia. Por tal motivo, la idea de fusionar las dos academias no era percibida como algo evidente o sencillo por los miembros de Insurgence.[6] En un intento de formalizar

[5] Uno de los cabezas de Novo Mundo en Brasil.

[6] Luego de una de las primeras reuniones colectivas entre las dos academias, las expresiones de los participantes y el tono y el tipo de preguntas que hicieron indi-

la fusión, se convocó una serie de reuniones colectivas donde se juntaban varias sedes de las dos academias y se les comunicaba a los presentes los motivos de la fusión y los beneficios que traería a futuro. Una de las primeras medidas que se tomó fue que se comenzara a recaudar nuevamente a través de las graduaciones. Los fondos ya no se destinaban a los bolsillos del cabeza de escuela, sino que pertenecían a "la academia", que era ahora dirigida por un triunvirato compuesto por Rodolfo, "el Perro" y João, siendo este último nominalmente el cabeza de escuela ya que era el que poseía más graduación y tenía el vínculo con la academia en Brasil. Para Insurgence este cambio representó un punto problemático ya que en su relato fundacional era justamente el cobro de las graduaciones uno de los justificativos morales que habían motivado la separación de Bulldog. Otro de los cambios fue la reglamentación del uniforme: los kimonos ya no podían decorarse con cualquier tipo de "parche" u adorno, sino que estaba cuidadosamente reglamentado en qué lugar y de qué manera se podían pegar parches en el mismo, además del espacio que quedaba reservado específicamente para el escudo de la academia. Inicialmente no se especificó nada sobre la confección de parches de cada sede o instructor, por lo que los practicantes se sintieron libres de realizarlos a gusto. Sin embargo, cuando esta práctica se volvió popular, debieron regular esto también. De esta forma, el parche como elemento decorativo utilizado en los kimonos, prendas de vestir, cartelerías, etc., (es decir todo aquello que expresara una identidad particular de cada sede) quedaba ahora reglamentado. La justificación que fue necesaria para operar estos cambios puso en contraste los "viejos" y los "nuevos" valores en pugna:

> Rodolfo Mares: ¡Hola gente! Les escribo para informarles sobre una de las reglas dadas por NM Central (Brasil). Es referida al uso de la marca en los diseños de parches, indumentaria, etc. No se puede modificar el logo ni tampoco usar la marca Novo Mundo en ningún diseño. Siendo que tenemos gente que de buena voluntad hace diseños para las distintas sedes de la academia, tenemos que asegurarnos de que no usen el logo modificado, ni tampoco la marca como agregado a un diseño original. ¡Saludos! ¡Oss!
>
> Braulio: Perdón, ¿el nombre no se puede poner?

---

caban que los miembros originales de Novo Mundo tampoco se sentían cómodos con esta fusión.

Rodolfo Mares: No, no se puede. Novo Mundo es marca registrada, solo los fundadores pueden decidir su uso y modificación.

(...)

Carlos: Uhhh, yo me compré un buzo!!!! Como me garcaron!!

Rodolfo Mares: ¡No desesperen gente! Carlos, está bien lo del buzo, ya que Darío... fue autorizado a vender tales diseños. Este asunto está lejos de estar totalmente organizado, así que tómenlo con tranquilidad. Simplemente lo que hay que hacer es usar dos parches, uno con el logo oficial, y otro con el nombre particular de la sede, sin poner el nombre Novo Mundo. Algunos ejemplos de estos parches son: el de Darío, que dice Darío Jiu-Jitsu, etc. Y otro es el de Insurgence, ninguno de estos parches menciona Novo Mundo (comunicación personal, 25 de agosto de 2014).

El aspecto más sobresaliente de esta conversación es justamente el hecho de que ahora el nombre de la academia era una "marca registrada" y que para usarlo había que pedir autorización. Novo Mundo trajo una serie de reglamentaciones sobre cuestiones antes no formalizadas que dependían de las prácticas propias de cada grupo. Incluso las rutinas y las reglas de etiqueta cambiaron. Por ejemplo, en los comienzos de mi trabajo de campo, al momento de entrenar, uno simplemente se cambiaba y entraba al tatami. Paulatinamente esto fue cambiando y unos años después cada practicante debía esperar a ser autorizado por la persona con más graduación en el tatami o quien impartía la clase para poder entrar a este. Unos años después de la fusión también se formalizaron las reglas de comportamiento en el tatami, las cuales se exponían públicamente en carteles con el logo de la academia que rodeaban el área de práctica.[7] Aunque con algunas variantes, estas reglas ya estaban interiorizadas por los practicantes, pero el hecho de que fueran objetivadas en un cartel público hablaba de una forma de construcción grupal diferente: el objetivo institucional había cambiado.

[7] Ver Fotografía 11.

Del guerrero al competidor

Estas transformaciones reconfiguraron el objetivo de la academia: ya no se trataba de formar "buenos luchadores" con comportamiento "marcial", sino de lograr éxitos deportivos a nivel nacional e internacional. El nuevo ideal era el del "deportista-competidor" que buscaba su eficiencia en el desempeño de competencias deportivas y ya no el del "luchador" en el cual la posibilidad del combate trascendía los límites del tatami. El nuevo *ethos* respondía ahora a lo esperable de un deportista. Para quienes ya eran practicantes estos cambios no implicaron un inmediato abandono de sus ideas previas, sino que se trató de una integración progresiva y a veces tensionada de los nuevos valores. En primer lugar, cobró nuevamente fuerza el discurso de la "evolución" como forma de posicionarse frente a la tradición y frente a las nuevas necesidades deportivas. En mis primeros registros de campo, Norberto, el primer instructor con el que entré en contacto, me explicaba que "lo que aprendemos es lo mismo que usaban los samuráis en el campo de batalla, es efectivo porque se lo usaba para matar de verdad". De esta forma, el prestigio técnico pasaba por el hecho que no se habían transformado técnicas probadas como efectivas en el pasado en los campos de batalla.

Si nos referimos a la historia del BJJ relatada en páginas anteriores, esto parece contradictorio. En el relato fundacional de la disciplina, lo que claramente se destaca es la innovación que la familia Gracie, encarnada en la figura de Hélio, introduce en el BJJ durante el proceso de su conformación como disciplina. Sin embargo, Norberto no encontraba contradicciones: para él, el rol de Hélio había sido ajustar las técnicas en línea con el espíritu original de los samuráis de antaño. El nuevo relato reinterpretaba este mito fundacional, no para rescatar el pasado, sino justamente para superarlo. Fueron estas innovaciones en el BJJ las que lo convirtieron en un arte "efectivo" nuevamente. El mismo discurso que había visto enunciado en las MMA cuando "el Perro" decía que "en la jaula se testea lo que sirve y lo que no" ahora se aplicaba al BJJ. Eran las competencias deportivas las que servían de laboratorio para probar la eficacia de las técnicas.

Pero había más: poder aplicar una técnica implicaba que primero se la estudiara, y allí aparecían contratécnicas que se le oponían, motivo por el cual ya no se podía aprender un conjunto de técnicas fijas como parte del corpus del arte. Dado que las competencias deportivas conllevaban una constante reformulación de las técnicas, ese corpus ya no podía ser pensado como estable y fijo, y ser transmitido como tal. De esta forma, se presentaba como un paso necesario "como la evolución necesaria", en palabras de "el Perro". Cabe resaltar que este proceso no se limitó a las academias Novo Mundo e Insurgence. El BJJ estaba surgiendo como deporte competitivo en el resto del mundo, se crearon nuevas federaciones, competencias internacionales e incluso eventos profesionales televisados. Así, Novo Mundo y sus nuevos ideales y objetivos institucionales no constituían una experiencia sui géneris, sino que se alineaban con las transformaciones globales ligadas a las disciplinas en cuestión.

De las innovaciones técnicas que conllevaron estos cambios surgió con el tiempo la distinción entre el nuevo BJJ y el *old school*. Al nuevo BJJ se lo llamaba a veces "*jiu-jitsu* champagne" por lo elaborado de las técnicas y lo vistoso de los movimientos. Pero si el BJJ estaba en continuo cambio, ¿cómo se planteaba la relación con el *mestre* que encarnaba los saberes y la continuidad con una tradición? ¿Podía enseñar estas novedades? Y si lo hacía, ¿de dónde o de quién las incorporaba? Esta nueva configuración dinámica del aprendizaje de técnicas conllevaba que el *mestre* ya no podía legitimar su saber en el hecho de haber aprendido de alguien con prestigio en un tiempo pasado. El BJJ era ahora presente continuo y requería de actualización permanente. Así empezaron a proliferar los seminarios con personalidades del arte que eran traídas especialmente: campeones internacionales, cabezas de escuela, creadores de técnicas específicas,[8] etc. Pero también comenzaron a copiarse técnicas sacadas de internet. El hecho de aprenderlas de un video era ahora legitimado por la necesidad de mantenerse al día con las innovaciones.[9] Pero, ¿se podía aprender una técnica desde un video? Y si era así, ¿por qué no aprender todo el arte marcial de esta forma, prescindiendo del *mestre*? Abordaremos estas preguntas en el siguiente capítulo, sin embargo, es destacable cómo estos cambios afectaron la relación pedagógica con el *mestre*, el *ethos* y el posicionamiento frente a la tradición. Al mismo tiempo se modificó la forma misma de practicar el arte, lo cual repercutió en el tipo de mo-

[8] Cuando alguien creaba una técnica que se volvía efectiva en la competencia, por ejemplo en torneos internacionales, entonces su técnica era copiada y se le otorgaba un nombre. Algunos incluían la referencia al creador (por ejemplo, guardia "de la Riva") y otras veces simplemente el nombre que le ponía su creador (por ejemplo, la "*rubber guard*" de Eddie Bravo).

[9] Ver Spencer (2014) para un tratamiento más extenso sobre el rol de internet en el aprendizaje del BJJ.

dalidad antagónica y su relación con la violencia:[10] ya no se entrenaba para luchar en combates "reales", sino para una competencia deportiva. Inevitablemente esto impactó en las relaciones entre los practicantes y la forma comunitaria y el tipo de cuerpo-sujeto del practicante así como el aspecto performativo de sus prácticas en relación con el cuerpo-objeto. Profundizaremos estos temas en los apartados que siguen.

La familia extendida

> Se você não leva fé
> Vem para o tatami pra ver como é que é
> Família unida nos somos irmãos
> Eu Falo da NOVO MUNDO
> (Himno de la academia Novo Mundo)[11]

Si bien los valores de la hermandad y la familia ya estaban presentes en Insurgence, con la fusión de Novo Mundo este aspecto va a cobrar una fuerza muy importante, sirviendo como elemento de cohesión para llevar adelante los cambios que se necesitaban en el nuevo contexto. La diferencia principal residía en el impulso que los *mestres* dieron al valor de la unión de todas las sedes como parte de una misma familia. En Insurgence, estos valores formaban parte del discurso institucional, pero la comunidad tenía mucha más fortaleza a nivel de cada sede, incluyendo ciertas rivalidades amistosas entre ellas. Novo Mundo intenta disolver estas diferencias y cohesionar a la academia en torno a la idea de "familia". El fragmento de conversación en el que se resalta la intervención sobre los "parches" constituye un ejemplo. El espacio reservado para la academia en los diseños debía ser exclusivo, al mismo tiempo que se regulaban los lugares donde debían estar los emblemas visibles en el kimono, reservando los centrales para el escudo de Novo Mundo. También se creó el "himno" de Novo Mundo, que se intentó que fuera cantado luego de cada entrenamiento, sin lograr suficiente aceptación.

---

[10] No ahondaremos demasiado en este tema pero algunos de los conflictos que aparecieron a lo largo de los años fue justamente la idea de que se había perdido la capacidad de ejercer violencia real, en oposición a una "violencia mimética" (en términos de Norbert Elias). Esto llevó a algunos años después a repetir el *slogan* "Make jiu-jitsu violent again".

[11] Ver https://www.youtube.com/watch?v=mDuOJcWuujg.

El aspecto que más sorprendió a muchos de los practicantes, que expresaban cierta ambigüedad al respecto de estos nuevos sentidos identitarios, fue el hecho de tener que incluir en "la familia" a los miembros de las sedes de Novo Mundo original. Muchos no estaban dispuestos a abandonar la construcción identitaria de Insurgence y no se sentían cómodos incluyendo a "los nuevos", por tal motivo el apelativo que comenzaron a usar fue el de "Insurgence-Novo Mundo". Con mayor o menor grado de interiorización, lo cierto es que durante bastante tiempo se multiplicaron en las redes sociales, los entrenamientos, los eventos, las publicidades y cualquier otro tipo de manifestación pública mensajes alusivos a la idea de "familia unida" y resaltando el valor del equipo por sobre el individuo. Nuevamente, si bien la idea de equipo ya existía anteriormente, tomó dimensiones mayores con la fusión. Eran los *mestres* los que en toda comunicación resaltaban el hecho de que sin el equipo "no se era nada". Este cambio de énfasis es importante porque se contrapone a la idea del luchador como aquel que desarrolla su propio camino.[12] Las victorias en las competencias ya no constituían un logro individual sino del equipo. De esta forma se fortalecía la pertenencia del practicante a la academia, y se restaba valor al aspecto de las individualidades; asimismo, se resignificaban estos logros, no como resultado del esfuerzo personal sino como consecuencia de ser parte del equipo y de la familia, sin los cuales ningún logro individual parecía posible.

Por otra parte se jerarquiza la idea de "familia" por sobre la de "hermandad". Si la unidad comunitaria prevalecía por sobre los diferentes niveles dados por la *faixa*, en particular con los *mestres* (que eran los "*faixa preta*"), en esta nueva etapa las jerarquías se refuerzan. Esto se ponía de manifiesto en prácticas específicas, por ejemplo, como señalábamos anteriormente, al deber pedir permiso para ingresar al tatami. Los *mestres* pasaron a tener un rol más paternal, donde los de menor graduación "debían confiar en sus *mestres*" en relación con las decisiones que se tomaban respecto a la academia, porque lo hacían por el bien de todos. De esta forma la legitimidad del *mestre* pasó a estar más asociada al aspecto institucional y menos soportada en la tradición, y esto afectó la modalidad que tomó la relación pedagógica entre este y sus alumnos. Desde el comienzo de esta fusión, el debate sobre la dirección general

---

[12] Ver la Fotografía 10 como ejemplo de este tipo de comunicaciones. En este caso queda claro también cómo las victorias ya no son conquistas individuales sino colectivas.

de la academia y las decisiones más importantes fue cerrando su círculo paulatinamente para incluir solo a los cabezas de escuela y algunos *faixa preta* que participaban activamente en la organización. Quienes estaban por debajo debían "confiar", como quien confía en un padre, en el buen juicio y criterio de sus líderes y acatar sus decisiones.

La expansión de la academia y las rebeliones internas

En este período se otorgaron muchas graduaciones y se habilitaron a muchos de estos graduados a dar clase, incluso se presionó a algunos para cubrir espacios en diferentes lugares geográficos. Es en esta época donde se relajan los criterios para permitir que alguien imparta clases, incluyendo a los *faixa* azul, que constituyen el primer grado en la escala de graduaciones. La lógica de expansión territorial generó recelos en algunos practicantes antiguos que veían cómo los criterios basados en el tiempo de práctica y la habilidad se dejaban de lado en pos de lograr más competidores graduados e instructores habilitados.

Este proceso de fusión se dio en simultáneo con la conformación de la Liga Argentina de BJJ, que pretendía nuclear a todas las academias de forma tal que se pudiera organizar torneos más grandes y con más recursos. Hasta ese momento cada sede organizaba torneos en forma unilateral o asociada con alguna otra. La organización de estos variaba en calidad y en masividad dependiendo de los recursos disponibles para cada organizador y el apoyo que pudiera brindar su academia. El problema era que siempre surgían quejas al respecto de la organización, el arbitraje y los premios, al mismo tiempo que los competidores dudaban de a cuáles torneos inscribirse en función del prestigio del organizador, especialmente porque la inscripción al evento siempre era paga. Otro problema era que los torneos por lo general se realizaban en el área metropolitana de la provincia de Buenos Aires, lo que hacía difícil la participación de competidores del interior. Claramente la problemática de expandir la actividad en el resto del país era algo común a varias de las principales academias, y esto incentivó la conformación de esta liga. Ponerse de acuerdo para su formación implicó una ardua negociación política entre los cabezas de escuela, siendo el principal antagonista la academia Bulldog, que era la más grande en cantidad de sedes y competidores. Finalmente la liga terminó formándose aunque Bulldog se separó de ella al año de su formación. Los beneficios que se plantearon fueron: un cronograma conjunto de torneos, un *ranking* por competidor y por equipo que sumara las puntuaciones de los torneos y otorgara premios a los ganadores, movilidad para acceder a torneos que estuvieran en otras provincias y creación de torneos en provincias del interior. Por otro lado, la liga se asoció con una confederación brasileña de BJJ, lo que la habilitó a organizar torneos internacionales y al mismo tiempo sumar los competidores argentinos al *ranking* que esta liga llevaba con miembros de varios países. En contrapartida, todos los miembros debían pagar una cuota anual que se sumaba a los costos que ya implicaban las inscripciones a los torneos. En el caso de Novo Mundo, este gasto extra se sumaba a los nuevos gastos que la academia imponía, que eran las graduaciones y el pago de una cuota por sede, por cada diez alumnos que esta tuviera.

El proceso de regulación de la actividad abarcó cada vez más espacios bajo su órbita normativa: se establecieron canales de comunicación para generar más control de gestión (vía Facebook, Whatsapp, reuniones periódicas, etc.). Los valores "tradicionales" que persistían en el ideal de los practicantes y el recuerdo de la relación más "carismática" que se tenía con los líderes de la escuela, los nuevos valores y objetivos racionales planteados por la organización generaron conflictos de gravedad variada. Algunos de estos conflictos llevaron a la expulsión de algunos miembros y al abandono voluntario de la academia por parte de otros. Los motivos principales estaban por lo general motivados por conflictos entre antiguos miembros de la academia y referentes para varios practicantes, pero que no eran parte de la jerarquía superior de los *faixa preta* o *mestres* cabezas de escuela. Uno de los principales conflictos que hubo se desencadenó por el manejo discrecional del otorgamiento de beneficios para el grupo de competidores del equipo A. Novo Mundo se conformó como academia de BJJ y MMA, disciplinas que, como ya vimos, están muy interrelacionadas. La nueva gestión de Novo Mundo había propuesto la conformación de dos grupos de competidores, el equipo A y el equipo B. El primero estaría conformado por aquellos con mejor rendimiento deportivo y, de forma no explícita, por aquellos practicantes de BJJ que también hicieran MMA en forma profesional. A ellos se destinaban los recursos económicos en forma de viajes, entrenamientos físicos, suplementos nutricionales y entrenamientos especiales. Sin embargo la decisión de a quiénes se destinarían los recursos dentro del mismo equipo A dependía de las estrategias y decisiones de la cúpula de la academia. Varios de los competidores, principalmente algunos que tenían largo tiempo en Insurgence y estaban armando sus carreras profesionales en MMA, se sintieron discriminados. Las razones eran varias y complejas, pero en última instancia lo que se criticaba era la nueva dirección que había tomado la academia. Signo de que los conflictos no se debieron a disputas personales fue el hecho de que muchos practicantes avanzados renunciaron en solidaridad junto con los que habían sido expulsados.

Cambiar de academia no era un tema menor para los practicantes que construían su relación identitaria en el BJJ en gran medida a través de la pertenencia a un grupo y a una institución. Como vimos anteriormente estos traidores o "creontes" no eran bien vistos, sin embargo, con el cambio de este *ethos* de "luchador" a "deportista" aparecía la idea de "carrera deportiva" o "profesional" personal que en cierta forma se oponía a la rigidez que implicaba pertenecer a la misma institución sin importar los beneficios personales.[13] La carrera de alguien que se ve a sí mismo como deportista debe perseguir las mejores oportunidades independientemente de la lealtad a una academia o a un *mestre* particular.

El mundo del competidor

Como mencionamos en las secciones anteriores, la competencia se volvió un tema central luego de la fusión de Insurgence con Novo Mundo. Luego de la creación de la liga argentina de BJJ, se creó un esquema de varios torneos a lo largo del año que le permitía al competidor sumar puntos para un *ranking* y al mismo tiempo sumar puntos para su academia. Cada competidor participaba en un torneo en su respectiva categoría. Estas se delimitaban primero por género, luego por graduación, luego por edad y por último por peso. De esta forma uno siempre competía con otros practicantes del mismo nivel, peso, edad y género. Sin embargo, luego de la primera *faixa*, uno podía participar en una categoría especial llamada "absoluto" donde se eliminaba la categoría de peso y participaban practicantes del mismo género y nivel. En ocasiones algunas categorías de las *faixas* superiores se unificaban por falta de competidores; lo mismo pasaba con algunas categorías de peso y la edad independientemente del

---

[13] Posteriormente al periodo considerado para este trabajo, estas tensiones entre el deportista y el luchador miembro de un clan fueron cediendo en favor de las necesidades deportivas, sin embargo sigue siendo un tema moralmente espinoso el dejar una academia, en especial para quienes no son deportistas de alto nivel.

nivel, sin embargo para el caso del género solo pude apreciar unificaciones para los casos de BJJ infantil. Las categorías de peso variaban según los reglamentos pero cambiaban aproximadamente cada cinco kilos. Con la edad las categorías variaban en su demarcación, sin embargo la categoría "adulto", que comprende la franja de los 18 a 29 años, era la más importante ya que los mejores atletas pertenecían a esta. Pasados los 29 años había categorías de edad cada cinco años pero no había muchos competidores por lo que usualmente se unificaban. También se daba el caso de que competidores de más de 29 años decidían anotarse como adultos, si se sentían con posibilidades, por ser esta la categoría más prestigiosa. Ya mencionamos anteriormente las diferentes *faixas* que comprenden los niveles de los atletas, por lo que queda entonces hacer una breve referencia al tema del género.[14] La separación por género era muy marcada tanto en los espacios de práctica como en la competencia. Había muy pocas mujeres participando en el deporte, pero esto fue cambiando con el tiempo. Al ser pocas mujeres, por lo general esto brindaba oportunidades favorables a nivel individual ya que no había mucha competencia. Por otro lado, la falta de competidoras también construyó una cierta fraternidad entre mujeres que trascendía las fronteras de las academias, llegando al punto de juntarse a entrenar todas juntas sin distinción de espacio de pertenencia. En las competencias, las subcategorías dentro de la categoría femenina por lo general desaparecían o se fusionaban a criterio de los organizadores. Los ganadores de cada una de las categorías se veían recompensados con un pasaje al mundial de Río de Janeiro, por lo que era un fuerte incentivo para participar. Llegar a esa instancia y ganar prácticamente garantizaba la graduación a la siguiente *faixa*.

El principal problema que enfrentaba un atleta antes de una competencia era "dar el peso", es decir, buscar la categoría óptima para poder competir. Desde la percepción de los atletas, el peso óptimo era aquel que contemplaba solo músculos, por lo tanto tener grasa corporal era entendido como "regalar peso" al oponente. El supuesto que se jugaba era que el resto de los competidores del mismo peso probablemente tuviera mayor masa muscular. El peso era la única variable de categoría que los

[14] La variable de género no forma parte del análisis de este trabajo, no porque no fuera importante en sí misma sino porque desde mi posicionamiento en el campo y desde mi posición de género no era sencillo trabajar de forma cercana a los espacios de socialización femeninos propios del BJJ. Sin embargo algunos elementos que pude rescatar pueden encontrarse en Buccellato (2015).

competidores podían manipular, por lo que el incentivo de la competición llevó a establecer prácticas orientadas a controlarlo. En primer lugar estaban las dietas que se imponían un tiempo antes de la competencia. La diversidad de dietas y su fundamentación era enorme, sin embargo muy pocos (los atletas de élite), seguían alguna recomendación profesional. Por lo general se seguían sugerencias que circulaban en la comunidad de práctica o de los *mestres*. Una práctica común durante las 24 horas previas a la competencia consistía en suspender la ingesta de líquidos y la sal suspenderla varios días antes. El objetivo era eliminar líquidos del cuerpo, ya que si la grasa era "peso regalado" también lo era el líquido corporal acumulado. Si la "deshidratación" no era suficiente al momento de competir, los participantes recurrían a otras prácticas que, sin llegar al extremo de los competidores de MMA, implicaban ciertos riesgos para quienes las llevaban a cabo. Algunos salían a correr todos cubiertos con abrigo con la finalidad de transpirar, e incluso algunos hacían varias pasadas por saunas para eliminar todavía más líquido. Esto permitía bajar varios kilos de peso y al momento del pesaje descender una categoría. Este peso podía recuperarse en unas pocas horas y de esa manera el atleta tenía una ventaja competitiva. El procedimiento era difícil, ya que de extremar estas prácticas el competidor quedaría débil si no se recuperaba a tiempo. Por estos motivos, la organización de algunos de los torneos cambió la modalidad de pesaje al forzar a los atletas a pesarse minutos antes de entrar a competir. En este sentido es interesante observar cómo esto se convierte en una práctica reflexiva sobre el cuerpo-objeto que lleva a considerarlo como una herramienta, como algo a utilizar, denotando una clara separación entre el yo y el cuerpo-objeto. En otras palabras, la idea de que la voluntad, una propiedad mental, tiene objetivos y el cuerpo-objeto es un elemento a manipular. Esta visión dualista que el competidor tiene en esta instancia de competencia es significativa y debe contrastarse con otras formas de considerar la relación entre cuerpo-objeto y el yo. Profundizaremos estos aspectos en la siguiente sección y en el capítulo cuarto.

Los torneos, dependiendo de su masividad, se organizaban en uno o dos días seguidos y convocaban atletas, compañeros de práctica, familiares y amigos que debían abonar una entrada aparte. Considerando que de cada evento participaban entre 100 y hasta 500 competidores, la cantidad de gente que se acercaba a cada torneo era bastante numerosa.

Cada competidor recibía al registrarse una remera que lo identificaba como participante del torneo y que era, en alguna medida, una forma de distinción ya que tenía la palabra "competidor" estampada de forma visible. El arte de las remeras era también objeto de admiración y se convertía en un elemento por el cual se juzgaba la calidad del evento. El espacio del torneo convocaba a una serie de vendedores de ropa y accesorios propios de la disciplina como remeras, kimonos, buzos, protectores bucales y productos similares. De esta forma, para el competidor y sus acompañantes ir a un torneo implicaba un gasto, o, en caso de que el participante aspirara a mejorar en el *ranking*, una inversión económica. La dinámica del torneo podía variar pero por lo general se empezaba por las categorías más avanzadas primero y hacia el final los *faixa* blanca, que representaban el mayor volumen de competidores inscriptos. Cuando las luchas propias de cada categoría terminaban se realizaba el podio con los tres primeros puestos y se entregaban las medallas a los ganadores (dorada, plateada y cobre). Hacia el cierre del evento también se hacía lo propio con las academias que más medallas habían conseguido. Estos premios por equipos, junto con los *rankings* de academias fueron en alguna medida una forma de canalizar las rivalidades entre academias en un plano de competencia deportiva.[15]

Los torneos eran ahora el espacio en el que los competidores y las academias disputaban prestigio. Este prestigio, desde la perspectiva individual, podía transformarse también en recompensas puntuales como *sponsors* y viajes, aunque raramente implicaban dinero en efectivo. Los *sponsors* podían proveer ropa, suplementos o viajes y los premios no implicaban un pago en efectivo como sí ocurría en otros lugares como Brasil, o en otras disciplinas como las MMA.

Transformaciones del cuerpo-objeto: drogas, suplementos y dietas y la "alta *performance*". Los cambios discursivos

Los primeros momentos

En la sección anterior se refirió a un aspecto importante en la preparación de los competidores: las dietas. En este apartado abordaremos un tema más general, que refiere a la relación que se establece entre el competidor

---

[15] Nuevamente en relación con lo discutido en Elias y Dunning (1992).

y las sustancias que hace circular por su cuerpo con determinados fines: alimento, suplementos nutricionales y drogas.

A los pocos meses de comenzar el trabajo de campo pude apreciar cómo algunos de los practicantes hacían uso de ciertas drogas para mejorar su *performance* física. Es importante resaltar que esto me resultó chocante y se convirtió rápidamente en un elemento por considerar, no por la magnitud o lo difundido de la práctica, sino más bien por un prejuicio previo del investigador que asociaba el consumo de sustancias con la práctica del deporte a nivel profesional y el fisicoculturismo. En los primeros años, aproximadamente los que se corresponden con el periodo de Insurgence como academia independiente, este mismo prejuicio era compartido por varios de los practicantes, incluso muchos de los avanzados. Quienes hacían uso de "drogas deportivas" no eran muy abiertos a comentar al respecto. Muchos no lo reconocían directamente y solo estaban dispuestos a hablar sobre el tema luego de entrar en confianza. Sin embargo, podían identificarse fácilmente dado que se los asociaba con cierto porte corporal, que, según afirmaban, era característico de alguien "bombeado".[16] El caso de Tontón, según el relato de "el Perro", permite ejemplificar esta actitud. Tontón era un pretendiente a luchador de MMA que se presentó en el PFC como un "enano deforme",[17] en palabras de "el Perro", que decía tener experiencia en MMA y que no tomaba ninguna sustancia. Frente a la negativa a reconocer el uso de alguna droga "el Perro" le contestó: "Yo tengo años de gimnasio, a mí no me vengas con que no tomás nada", a lo que Tontón reconoció que "solo había tomado un Estano".[18] Que Tontón fuera practicante de MMA no es un dato menor, ya que los consumidores de sustancias principalmente eran practicantes de MMA o tenían cierta afición al fisicoculturismo. Quienes practicaban BJJ exclusivamente, salvo excepciones, no consumían drogas o al menos eran mucho más discretos al respecto.

Las opiniones sobre este tema eran encontradas, oscilaban entre el rechazo y la aceptación, pero rara vez la apología. Pedro, el hermano

---

[16] Término que refiere a aquellas personas que toman sustancias para obtener volumen muscular. De estos se dice que se "bombean" o que se "inflan".

[17] Baja estatura y músculos hiperdesarrollados.

[18] "Estano" se refiere al estanozolol, un esteroide anabólico que se toma por vía oral. Hay una importante diferencia entre quienes toman estas drogas por vía oral y quienes consumen otras que implican inyectarse. En este sentido, se puede ver una discusión similar en el trabajo de Alejandro Rodríguez (2017: 113) sobre las prácticas en gimnasios porteños.

de "el Perro", era, en esos primeros años, un claro opositor al uso de las drogas. Afirmaba que si uno entrenaba correctamente no necesitaba ningún tipo de "ayudín", y que además el BJJ se había diseñado para que "la fuerza no importara", porque lo que primaba era la técnica. De esta forma no justificaba el hiperdesarrollo muscular, el cual ponía el énfasis en lo que él consideraba como secundario en el arte y que podía acarrear consecuencias para la salud. Este último sentido es importante, ya que la oposición entre salud y consumo de drogas, por un lado, y la asociación entre la idea de arte marcial y deporte *amateur*[19] con la vida saludable, por otro, formaban parte del *ethos* propio de los practicantes. Los pocos compañeros de práctica que accedieron a hablar del tema afirmaban que lo hacían para estar "más fuertes". Pero también, en las charlas, aparecía un objetivo estético, de modelado del cuerpo por el uso de estas sustancias. Consultados al respecto de los efectos sobre la salud, por lo general afirmaban que si uno "sabía tomar", "no se zarpaba" o entrenaba bien aparte de tomar "bomba" no tenía mayores consecuencias. Lo importante era que el consumo de drogas fuera complementado con mucho entrenamiento, no solo para que "quede bien la licra".[20] El sacrificio físico justificaba entonces la ingesta.

Cuando uno refería el hecho de la ingesta de sustancias como "tomar droga", se generaba un rechazo: "drogarse es otra cosa". Es decir, se presentaba una oposición entre drogas "recreativas" y "deportivas", donde las primeras eran consideradas como algo negativo y moralmente condenable.[21] En este sentido, ellos decían que tomar "bomba" era parecido a tomar "suplementos". Por esto último se referían a una serie de productos de venta libre que estaban destinados a mejorar la *performance* de forma natural. Son llamados "suplementos dietarios" e incluyen vitaminas, proteínas, raíces y hierbas "naturales" (*ginseng*, maca peruana, etc.), aminoácidos y "quemadores de grasa", entre otros productos. En

---

[19] Deporte *amateur* en oposición al deporte profesional, el cual se veía como un negocio, y estaba asociado al mundo del fútbol, el boxeo y las MMA.

[20] Licra (o *rashguard*) es una prenda que cubre por lo general el tronco superior y que, al estar hecha del material del cual lleva su nombre, se pega al cuerpo y resalta las curvas corporales. Claramente "vestirla bien", en el sentido estético, implicaba una corporalidad muy trabajada.

[21] Las condenas morales por lo general se referían a las críticas a quienes "se pasan todo el tiempo fumados" o "el fin de semana salen y se la dan en la pera". Claramente el exceso, el descontrol y el placer hedónico o dionisíaco se contraponía al placer que se obtiene en el entrenamiento y la práctica deportiva. Ver Rodríguez (2017: 113)

este sentido, independientemente del discurso científico al respecto de cada una de estas sustancias, lo importante era su asociación con la alimentación: consumir estos productos era como comer. Según "el Perro" (comunicación personal, 1 de abril de 2016), uno "es lo que come" y requiere de comida para poder vivir bien. Pero para quien entrena fuerte, comer solamente no alcanza:

> Bueno, primero hay que aprender a comer, y para el tipo que entrena mucho ni comiendo como un rey va a poder suplir o nutrir el cuerpo como lo desgasta. Y menos en lucha, quizás en ping pong, pero en lucha no. En lucha siempre estás debiendo. Entonces hay que suplementar, y hay que suplementar de manera correcta.

Estos productos circulaban con mucha más naturalidad que las drogas deportivas pero, nuevamente, su uso se justificaba para aquellos que entrenaban intensivamente.[22] El sacrificio no pasaba por la toma de suplementos o drogas, sino que el sacrificio corporal era requerido como justificación para que su ingesta sea legítima.[23] En última instancia estos productos representaban una mejora o un plus que no se puede obtener por el solo entrenamiento normal, por tal motivo tomarlos sin un entrenamiento duro equivalía a facilitar las cosas. El sacrificio como forma de progreso se conforma como parte del *ethos* marcial, tomar atajos es una transgresión. En el caso de las drogas, la razón para esta expiación previa a su uso también se ve reforzada por la condena social que pesa sobre las mismas, por el sentido negativo al que son asociadas desde el sentido común. Aun así, su uso no estaba del todo libre de una carga negativa. En la siguiente sección veremos cómo esto cambia, requiriendo de un trabajo activo de construcción discursiva y resignificación de conceptos.

Los nuevos sentidos

Cuando las competencias empezaron a tomar relevancia y cuando muchos de los competidores de BJJ comenzaron a hacer el salto hacia las MMA, ocurrió un cambio en las formas de uso de los suplementos y las

---

[22] Para un tratamiento sobre el tema de los suplementos, se puede ver Rodríguez (2017: 109). En ese trabajo se abordan los suplementos como objeto de consumo por parte del deportista.

[23] No solo es el sacrificio del entrenamiento duro, sino que es un despropósito la ingesta de estos productos sin un "comer bien". Por tal motivo, el sacrificio es doble, entrenamiento y buena dieta.

drogas y en el discurso asociado a ellas. En este sentido, el siguiente relato de mi experiencia en el campo puede dar cuenta de algunos contrastes frente a los sentidos expresados hasta el momento.

> Mientras estábamos por comenzar a luchar, hacia el final de la clase, Cachi, un muchacho fornido de unos treinta años, un metro setenta de altura y un cuerpo muy voluminoso y marcado, se estaba cambiando a un costado del tatami. Había llegado tarde y venía solo a luchar un rato. Al sacarse la remera, Charlie, que estaba a cargo de la clase en ese momento, le hizo una broma desde el tatami sobre el hecho de que se notaba que estaba tomando mucha "bomba". Se rieron los dos y Charlie le hizo notar el tamaño de las venas, le dijo que si seguía así le iban a salir los trapecios de la cintura. Cachi no contestó ni expresó verbalmente molestia por el comentario, pero, con cierta incomodidad, bajó la mirada y siguió ocupándose de sus cosas. Yo no tenía una relación muy estrecha con él, por ser ambos bastante fuertes, por lo general luchábamos seguido. Cuando se acercó a mí para ver si luchábamos, le dije "¡¿Cómo estás?!", señalándole sus músculos, y me dijo "¡Eh, yo entreno desde siempre!". Mi intención, aprovechando la situación previa con Charlie, era indagarlo sobre el consumo de drogas y sus efectos, de ahí mi observación. Entonces continué: "Pero ahora estás más fuerte, ¿estás en un plan?". No contestó y se rio con la misma actitud incómoda. Insistí: "¿Tomás alguna pastilla?", a lo que replicó "¿¡Pastillas!? ¡Jajaja! Yo me inyecto", golpeándose la unión interna del brazo con el antebrazo, parodiando el acto de inyectarse. Entonces reconoció: "Si, estoy en un plan". Había luchado previamente con él y en pos de ver cómo evolucionaba la charla, le comenté que si bien siempre lo sentía fuerte ahora se lo notaba mucho más. Pareció gustarle el cumplido, sin embargo, dirigiéndose a "el Perro", que estaba sentado a un costado del tatami, dijo: "Ahora dicen que uno es bueno por la droga", a lo que "el Perro" replicó: "No entienden nada, hablan de lo que no saben", refiriéndose a mí, que no hacía uso de drogas deportivas.

Dos cosas habían cambiado: en primer lugar, pese a la incomodidad, el tema se hablaba con más libertad que antes. En segundo lugar, no se lo condenaba como algo ajeno al BJJ, no era algo propio del mundo de los deportes profesionales, había algo que "entender" y eso no era ajeno al BJJ. Unos días después, mientras terminaba de realizar una entrevista con otro practicante, Cachi me preguntó si lo iba a entrevistar a él, me dijo: "Tenés que entrevistar a uno que toma bomba", a lo que otro compañero que escuchó al pasar replicó "Ahora todos toman bomba". Claramente la situación era diferente. Posteriormente, en una entrevista con "el Perro", esta transformación en el discurso ligado a su uso se hizo más evidente, como muestra el siguiente fragmento de entrevista:

> Yo: Con el tema de las drogas deportivas, ¿qué onda? ¿Por qué? ¿Cómo? ¿De qué manera?
>
> P: Y, las drogas deportivas mejoran el rendimiento deportivo. Es tan simple como eso. En todo sentido.
>
> Yo: Y, ¿son necesarias?
>
> P: Y, te diría que hay todo un mito y hay todo una... algo contrario a la apología, digamos... hay como un mito, hay como algo negativo...que se refiere a los esteroides, que no es tan así.
>
> Yo: Ok.
>
> P: Generalmente cuando uno habla de esteroides, o de hormonas, al toque lo asocia con el fisicoculturismo. Bueno, y es el error más común. ¡Un fisicoculturista se droga a romper! Es como que yo te diga, eh... tomate, te drogás los fines de semana y sos igual que el Diego. ¡No!, el Diego se droga a romper todos los días. Hay tipos que son drogadictos sociales, que se drogan los fines de semana, no es lo mismo drogarse los fines de semana que drogarse todos los días. ¿Entendés? Bueno, hay algo así con respecto a los esteroides.

Podemos ver entonces cómo claramente ahora la droga se presenta como algo por legitimar frente al discurso anterior, que es "lo inverso a la apología". También aparece una cierta defensa del consumo recreativo pero bajo la idea de moderación; "el Diego" y el fisicoculturista se drogan "a romper". El cambio en el discurso vino asociado a cambios en los usos aun de quienes siempre se habían mostrado en contra de las drogas. Pedro, el hermano de "el Perro" al que referimos en el apartado anterior, se convirtió en un usuario experto en este tipo de sustancias, aplicándolas por vía oral e inyectable por prolongados períodos de tiempo. El cambio de sentidos requirió cierto ajuste del concepto de salud asociado a la idea de vida saludable propia del *ethos* y el discurso que prevalecía en los primeros momentos.

La salud redefinida

"¡¡La 'bomba' es vida!! Debería ser obligatorio inyectarse después de los treinta" exultaba Cachi en un asado de fin de año en el PFC. Tiempo después "el Perro" agregaría que las drogas y hormonas con las que se suplementan ayudan a tener una mejor calidad de vida. El nuevo discurso no intentaba romper con la asociación de salud y arte marcial en pos del objetivo del rendimiento, sino que intentaba redefinir lo que es una vida saludable y una buena calidad de vida. El discurso científico va a ser fundamental para operar esta transformación.

En lo que respecta a lo que debería ser una vida normal y saludable, "el Perro" hace referencia a las diferencias hormonales[24] entre la gente y la calidad de vida:

> Eso es lo que es vida normal, yo creo que tendría que haber una cultura, como hay en EEUU, en Brasil, de ir al médico, para mejorar tu calidad de vida, te diga si necesitas o no. Hay tipos que no, hay tipos que son pelados, tienen pelo por todos lados y tienen hormonas hasta que se mueren, ¡y son bestias!, esos no tienen que tomar nada, pero hay tipos que no, y hay muchos tipos que no. Lo mismo las mujeres, que arrancan con menopausia, todo un tema hormonal complicado, y se cagan la vida, ¿por qué?, porque no van al médico, tienen que ir a un médico especialista endocrinólogo. Lo mismo con un luchador, nada más que va al deportólogo. ¿Por qué? Porque si vos tenés producción baja de hormonas siendo deportista profesional, tenés que reemplazar la hormona que no hace tu cuerpo por una sintética.

El médico, o más bien el saber experto, es quien legitima el uso de las drogas. La ciencia médica como autoridad en la intervención del cuerpo de los individuos tiene la capacidad de suplir las deficiencias y desigualdades producto de las diferencias naturales entre los individuos. No podemos todos aspirar a la misma calidad de vida porque tenemos constituciones bioquímicas diferentes, pero la ciencia y la técnica, en el discurso de los actores, van a operar como legitimadoras de una práctica moralmente condenable desde el sentido común. La ingesta se hace legal en función de la utilización del discurso científico por parte de los actores, el sacri-

---

[24] La manipulación hormonal es uno de los objetivos principales en el uso de las drogas en consideración.

ficio en el entrenamiento y el mantener la moderación propia del *ethos*.[25] Ser saludable entonces implica la práctica del deporte y la asistencia de la ciencia para superar los problemas que vienen de las diferencias naturales. Estas diferencias son algo por corregir en función del deseo de la persona, de sus objetivos y de lo que considere que mejora su calidad de vida. Y es en este sentido que se van a borrar las fronteras de lo interno y externo, de lo natural y de lo artificial, donde el cuerpo objetivado no puede aspirar a este nuevo concepto de salud de forma autónoma. Requiere de los productos de la ciencia para poder superar las deficiencias naturales dadas por la diversidad y por el paso del tiempo. No hay salud si no se pueden alcanzar los objetivos que el individuo, alienado de su corporalidad como constitutiva de su ser, se propone. Y estos objetivos son, en muchos sentidos, productos socialmente impuestos. "El Perro" (comunicación personal, 4 de enero de 2016), cuando habla de la anticoncepción femenina, echa luz sobre este tema:

> (…) Eso es lo que te digo para la vida normal de una persona, lo mismo con las mujeres. ¿Las mujeres qué toman para no quedar embarazadas? Progesterona. ¿Qué es la progesterona? Es una hormona que producen los hombres (sic), que inhibe la ovulación. Por eso no queda embarazada. Ahora, sí, esa está bien, esas hormonas están bien. ¡No!... todas son hormonas... las que hacés vos y las que se meten de farmacia. En dosis buenas, son buenas. En dosis elevadas, son malas.

El origen de la hormona es irrelevante, lo que importa es la sustancia desprovista de su contexto y al servicio del objetivo. Queda claro con este fragmento, donde la progesterona pasa a ser una hormona de generación masculina, que tampoco es el comprender el discurso médico-biológico lo relevante. Lo importante es revestir el mismo discurso con una terminología científica que legitime la práctica, que permita separar a la sustancia y administrarla desde la racionalidad de los fines. Es también la terminología científica la que permite borrar los límites morales. Las explicaciones del funcionamiento orgánico al respecto del entrenamiento y las drogas son muy variadas y usualmente carecen de fundamento profundo, pero, ciertas o no, le permiten al practicante manipular su cuerpo como un objeto separado de su persona.

---

[25] "El Perro" va a hablar de "dosis terapéuticas".

En esta redefinición de la salud el rol de la naturaleza no está exento de disputas. Francisco,[26] el entrenador de lucha olímpica del equipo de MMA de Novo Mundo y entrenador de atletas olímpicos, en un comentario en la red social Facebook el día 4 de febrero de 2016, comentaba al respecto:

> Tu cuerpo está preparado por la naturaleza para soportar cierta presión articular por volumen muscular, en estos tiempos donde la falsa imagen que te venden es que tu cuerpo debe estar hipermusculado, que lo mejor para esto es que necesitás consumir anabólicos y esteroides y así serás insuperable. Te digo tu salud está primero, entrená con gente seria. El consumo de cualquier tipo de drogas es como jugar a la ruleta rusa, mientras más malas más balas le ponés al revolver.

En este caso, desde un discurso propio del deporte *amateur*, se observa justamente esta separación artificial del cuerpo objetivado del propio individuo. Juegan en esta crítica otros conceptos, como los límites naturales del cuerpo y la salud basada específicamente en la preservación del cuerpo como parte constitutiva del ser, dejando afuera los mandatos sociales como algo externo.[27] Estas dos concepciones se encuentran permanentemente en tensión en los discursos de los practicantes.

Cuerpo-objeto y cuerpo-sujeto

En el discurso asociado a las drogas se trata de establecer una separación del cuerpo como objeto al que se puede manipular pero, aun para los mismos actores, esta separación no es tan clara. Lo que le pasa al cuerpo no se puede considerar como separado de lo que conciben como su propia persona. En este sentido, es útil la separación de cuerpo-objeto y cuerpo-sujeto. Los actores, a través de la idea de "cuerpo", van a utilizar alternativamente uno y otro concepto. Esto puede llevar a contradicciones y equívocos, pero el sentido en el uso es claro. Por ejemplo, en referencia a las dietas, en una imagen que publican en internet varios miembros del PFC en momentos de competencia puede leerse lo siguiente:

[26] Este es el mismo Francisco del que hablamos en el primer capítulo.

[27] La concepción de Francisco, sin embargo, no está exenta de esta objetivación corporal, ya que el cuerpo entrenado implica un tratamiento de este como algo separado y al mismo tiempo que responde a mandatos sociales propios del deporte competitivo.

Aproxímese con cuidado
Atleta en dieta
Arrebatos violentos

Claramente lo que se le hace al cuerpo afecta el estado de ánimo, lo cual implica que no hay una separación del cuerpo respecto del ser. En algunos casos se utiliza "cuerpo" como cuerpo-objeto, como en el discurso sobre las drogas, y en otros casos como cuerpo-sujeto, como en este último donde el estado de ánimo y la actitud que el resto deben tener con la persona depende de lo que le pasa a su "cuerpo". La aparente contradicción de considerar el cuerpo como algo separable y al mismo tiempo como algo constitutivo del ser no es más que un uso ambiguo del concepto de "cuerpo". Tomemos por ejemplo un fragmento de una entrevista con "el Perro" donde relata la relación que hay entre hormonas, manipulación corporal, relaciones sociales e individuo:

P: (…) Que, que a determinada edad dejan de producir la cantidad que producen a los 20 años de hormonas, y empiezan a tener, por ejemplo, la crisis de los 40. La crisis de los 40 es que el flaco hace menos hormonas. Y qué piensa el flaco, que está podrido, que no quiere coger más y que no quiere más a la señora, en realidad no es eso. ¡Es que vos estas produciendo la mitad de hormonas que producías a los 20!

Alumno: ¿Cómo es? ¿Que no quiere más a la señora? Jajaja

H: Claro….

Alumno: ¡Me matas jajajaj!

P: ¡Al toque! "¡No quiero hacer nada, estoy podrido de todo y a mi señora no la quiero coger porque no la quiero más!" No es así. En realidad yo te doy un reemplazo de la testosterona que no producís y vas a ver cómo al toque te nace el amor. Te nace el amor, las ganas de laburar, las ganas de ir con los pibes, los locos llegan el fin de semana, se tiran en el sillón, se miran dos películas, se comen una pizza y no hacen nada. Por qué, porque no tienen hormonas. Hermano, la hormona es la magia de la vida. Tiene hormonas, es feliz. No tiene hormonas, tiene que meter hormonas… y para eso hay médicos, que el médico te tiene que decir cuánto necesitás, si necesitás o no.

Vemos claramente cómo el deseo, el amor, las ganas de hacer, lo que sentimos, lo que pensamos, etc., está directamente relacionado con lo que ocurre a nivel fisiológico (hormonal). En este caso, la manipulación es sobre el cuerpo-sujeto. De esta forma, en el complejo discurso de las drogas, la concepción de cuerpo-objeto es usada para aliviar la carga moral que implica el uso de las drogas desde la condena social y al mismo tiempo permite mostrar cómo es beneficiosa para el cuerpo-sujeto en su conjunto. Sin esta distinción analítica, los dichos son contradictorios: por un lado uno puede pensar al cuerpo como algo que manipula, orientado a fines que ocurren en "la mente", pero, por el otro lado, el cuerpo es inseparable de cómo pensamos y sentimos. Lo que hay son dos usos diferentes del concepto "cuerpo".

Anteriormente mencionamos una serie de prácticas performativas como los tatuajes y la vestimenta. Podemos sumar a estas prácticas la función estética que produce el entrenamiento y el consumo de suplementos y drogas. El objetivo en este caso es producir un "cuerpo" para ser admirado por otros y al mismo tiempo para producir una reacción en el otro (ya sea temor, admiración, celos, etc.). Estas reacciones pueden implicar incluso que los otros respondan a la forma en la que se presenta el cuerpo-objeto (apartarse, bajar la mirada ante el temor o saludar y dar muestras de respeto si se reconoce a un par, etc.). Al mismo tiempo todas estas actitudes performáticas son reflexivas, afectan a terceros pero también producen el mismo efecto sobre el cuerpo-sujeto que las realiza: al objetivarse y convertirse en su propio espectador, reacciona y responde como si fuera un otro.[28] En este sentido, la manipulación corporal se convierte en una herramienta para la construcción identitaria. De esta forma el cuerpo-objeto se vuelve objeto de una serie de herramientas para manipular el cuerpo-sujeto y operar sobre el resto. Hay una ciencia nativa que determina cómo es la forma correcta de operar. "Hay que saber qué meter y qué no", dice "el Perro" sobre la comida, y al mismo tiempo hay dosis buenas y malas de droga y, como veremos en el siguiente capítulo, formas correctas de entrenar. Esta manipulación está guiada por objetivos

---

[28] Como mencionamos en el primer capítulo, hay cierto solapamiento entre una práctica reflexiva y una performática. En última instancia el fenómeno es el mismo, cuando pensamos la acción reflexiva con miras de afectar al otro es que la consideramos dentro de la categoría de *performance*. Lo importante es entender que son diferentes perspectivas sobre un mismo fenómeno que sirven para poner el énfasis en aspectos diferentes para los fines de la explicación.

que se manifiestan en el *ethos* marcial compartido por la comunidad de practicantes y en la serie de mandatos o presiones sociales que los afectan.

Reflexiones

En este capítulo nos ocupamos de la transición que sufrió la academia desde una organización local, con pocas sedes, hasta convertirse en una de las academias con más practicantes del país y con lazos internacionales a partir de la fusión con Novo Mundo. Las transformaciones institucionales asociadas a este proceso de fusión redefinieron las normas propias de la comunidad, la cual se hizo más extensa, y el mismo *ethos* propio de los practicantes. También se vieron afectados los objetivos propios de la práctica, al transformar la orientación al combate y la regulación de la violencia en algo orientado específicamente a la competencia. Varios aspectos propios de lo que llamamos *performance* también se vieron afectados. La construcción de la imagen del "competidor" mantenía cierta relación con la del "guerrero", sin embargo, guardaba diferencias. Lo que se exhibía eran los éxitos deportivos y no los relatos de peleas callejeras. Las disputas entre escuelas se dirimían en las competencias y no en las tribunas de los eventos de MMA. El rol de la vestimenta también se vio transformado ya que, al masificarse, vestirse como "luchador" ya no era un signo de distinción. Incluso la relación con el propio cuerpo se vio transformada, siendo este ahora considerado como un objeto manipulable en función de determinados fines. Era ahora un cuerpo-herramienta donde la ciencia aplicaba sus saberes a través de una serie de productos de consumo que permitían "mejorar" la *performance* y superar las desigualdades naturales. Así, la ciencia contribuía a democratizar los cuerpos, que se conciben como alienados del sujeto, pero al mismo tiempo operaba sobre la subjetividad, modificando actitudes y conductas, porque en última instancia el cuerpo-objeto y el cuerpo-sujeto no son más que dos caras de una misma moneda. En el siguiente capítulo analizaremos con mayor profundidad cómo estos cambios afectaron profundamente la forma en la que el arte se aprende y las relaciones pedagógicas con los *mestres*.

La reposición etnográfica alrededor de estas categorías nos permitió dar cuenta del proceso dinámico de transformación del campo. Claramente la elección de estos ejes y no otros ofrece una forma de describir los procesos de cambio, una perspectiva particular. Sin embargo, las categorías seleccionadas tienen la virtud de ser aquellas a las cuales los mismos actores en el PFC y Novo Mundo encuentran relevantes para discutir, tanto hacia adentro como con relación al campo más amplio de las artes marciales. Los practicantes de BJJ en el PFC son, ante todo, artistas marciales. Se incluyen en el mismo grupo que los practicantes de otras artes, pero establecen sus fronteras alrededor de estos ejes, esto es lo que discuten. En este sentido, no funcionan como clivajes que demarcan oposiciones dialécticas, sino más bien espacios discursivos y performáticos con los que se define el propio arte. Más que opuestos binarios lo que hay es una construcción cromática donde cada uno de estos elementos toma valores dentro de una escala de matices. El objetivo fue caracterizar estos elementos y mostrar su interdependencia. Toda descripción requiere de una perspectiva: esta es una propuesta posible, considerada productiva y cercana al sentir de los actores.

El capítulo dos había comenzado con un breve relato autoetnográfico sobre mi participación en una competencia. Es difícil transmitir lo que significa la experiencia del evento competitivo desde una perspectiva analítica. Todos estos elementos que fueron repuestos en estos dos capítulos estaban presentes en el momento de entrar al tatami, eran parte de lo que uno "llevaba encima", una forma de estar-en-el-tatami. No hay una reflexión explícita, hay una cierta emoción, una sensación corporal y una forma de percibir los sucesos que es producto de todo esto y del proceso de aprendizaje que trataremos en el próximo capítulo. Como veremos a continuación, la reproducción de la experiencia en un otro, con toda su dimensión y complejidad, no es más que lo que el instructor pretende lograr en su alumno, su enseñanza es transmitir esa forma de estar-en-el tatami. Forma de estar que considero difícil de reproducir completamente por este medio, pero que al menos intentaré aproximar en alguno de sus aspectos a través de un relato.

Capítulo 4
El aprendizaje y la enseñanza

A partir de lo visto hasta ahora surgen algunas preguntas que servirán a modo de clave para entender el siguiente capítulo. El cuerpo-sujeto y el cuerpo-objeto son dos perspectivas sobre el mismo fenómeno, pero, ¿alcanza esta distinción para abordar la problemática del cuerpo del artista marcial? Desde la perspectiva del *embodiment* (Csordas, 1994), pese a que el cuerpo encarnado se conforma como parte del tejido en el mundo, la identidad cuerpo/sujeto se conforma como una unidad elemental para definir al ser humano (Steil y de Moura Carvalho, 2015: 51-54). Ahora bien, por un lado, vimos cómo los deportistas hacen lo que hacen debido a sus dietas, suplementos alimentarios, drogas y en gran parte por la interacción y la práctica con otros cuerpos-sujetos. Por otro lado, la misma construcción que los individuos hacen de sí mismos y el modo como se proyectan frente a otros están mediados en gran parte por la constitución del grupo del que forman parte, las influencias propias de los medios, las transformaciones sociales y las características de la sociedad donde se vive. Incluso el espacio de práctica y los modos de habitarlo son condicionantes de lo que es el artista marcial. ¿Dónde trazamos la frontera? ¿Dónde empieza y termina el artista marcial? ¿Puede pensarse como algo separado de esta malla[1] que conforma la trama de interacciones entre cuerpos-sujeto, sustancias, lugares y objetos? ¿Cómo separar al artista marcial de su entorno? Vimos cómo las transformaciones propias de la academia afectaron profundamente la relación que establecen los actores con su propio cuerpo-objeto y al mismo tiempo cómo esto los redefine como cuerpo-sujeto. Los límites del fenómeno del "ser" no pueden limitarse a los límites de un cuerpo-sujeto. Gregory Bateson (1998: 485)

[1] El término *"meshwork"* que presenta Ingold (2011: 64) en su teoría SPIDER refleja el sentido que queremos referir con "malla".

afirmaba: "El mundo mental –la mente–, el mundo del procesamiento de la información, no está limitado por la piel". Pero si no podemos separar "el mundo del procesamiento de información" (la "mente" para Bateson) del cuerpo físico, ya que representan una unidad inseparable, y si el artista marcial es y se produce en el marco de las relaciones vitales que establece con otros, con las sustancias que circulan por su cuerpo-sujeto, con los lugares de práctica, etc., entonces cuerpo, mente, cultura y entorno se vuelven indistinguibles e inseparables.

Hasta el momento hemos abordado todos los aspectos relativos al PFC y a la academia Novo Mundo, menos el más importante: la práctica del BJJ y cómo se aprende, qué es exactamente lo que ocurre dentro del PFC. Este capítulo se ocupa de explorar el proceso de aprendizaje del BJJ en el PFC, considerando las relaciones que se dan entre cuerpo, mente, cultura y entorno, caracterizados por las categorías analíticas propuestas. Es en el aprender que el individuo adquiere habilidades para desenvolverse en el mundo y estas conforman parte de lo que adscribimos al contenido de la cultura. Todos los elementos hasta aquí descriptos forman parte de este proceso y es necesario comprender cómo interactúan. A partir del análisis de la adquisición de habilidades trataremos de ver en qué consiste el saber propio del BJJ en el PFC y, al mismo tiempo, problematizaremos las fronteras conceptuales que se plantean entre cuerpo, mente, cultura y entorno.

La enseñanza

El dictado de las clases en el PFC no fue ajeno a los cambios sufridos por la academia a lo largo del periodo investigado. La estructura de cada clase y la relación pedagógica establecida con el *mestre* y otros practicantes avanzados sufrieron alteraciones significativas. Incluso la masificación de internet como medio de difusión de conocimiento implicó un fuerte impacto en la forma de circulación de los saberes propios del BJJ y en las actividades que se realizaban sobre el tatami. En el siguiente apartado repondremos la experiencia de aprender BJJ en forma cronológica con un doble objetivo: en primer lugar, poder dar cuenta de estos procesos de transformación y, en segundo lugar, para iluminar el proceso de transformación del cuerpo-sujeto del investigador en este proceso.

Las clases en Insurgence

Las primeras clases que tuve con Norberto, y luego con "el Perro", no diferían demasiado en su estructura. La diferencia principal entre ambas radicaba en el espacio. Las clases de Norberto se impartían en un gimnasio donde se realizaban otras actividades no relacionadas con las artes marciales y los deportes de combate. Había un salón con aparatos de musculación y espacios de usos múltiples donde se dictaban clases de *fitness* en diversas modalidades.[2] En uno de estos espacios es donde desarrollábamos las clases. Si bien también se impartían otras artes marciales como el karate y el *capoeira*, el lugar no tenía una orientación específica hacia las prácticas marciales ni se pretendía establecer relaciones entre las diferentes disciplinas, algo que sí ocurría en un *fight club* como el PFC.[3] Esto restringía el espacio específico para la práctica del BJJ, lo que afectaba el tipo de actividades que ocurrían antes y después de cada clase. Sin embargo, Norberto estructuraba las clases a imagen y semejanza de las clases de "el Perro" en el PFC.

La clase se dividía en tres partes muy bien delimitadas: el físico, la técnica y la lucha. La duración total de una clase era de una hora y media y cada sección tenía, en teoría, una duración similar. Sin embargo esto variaba en función de la composición del grupo: si había más principiantes, el físico y la técnica ocupaban más tiempo; en cambio, si eran avanzados, la técnica y la lucha predominaban. La parte "física" de la clase consistía en una serie de ejercicios aeróbicos, de elongación y de fuerza orientados a lograr, según los mismos practicantes, ciertas capacidades que eran necesarias para el BJJ: fuerza, resistencia y ciertas destrezas específicas útiles para ejecutar las diferentes técnicas. La secuencia de trabajo era básicamente la siguiente: ejercicios aeróbicos de trote y calentamiento de articulaciones (rotar brazos, codos y muñecas mientras se trotaba) y saltos en altura y a distancia. En algunos casos se incluían ciertos ejercicios de fuerza que consistían en correr cargando a un compañero.[4] Luego de esto venían los "rolos", que consistían en una caída controlada hacia delante donde el practicante rolaba sobre sus hombros o espalda para

---

[2] Entre estas actividades incluimos las prácticas de aeróbicas como *step*, *tae bo*, "latino", etc., y otras prácticas como entrenamiento funcional y estiramientos.

[3] La descripción detallada de lo que es un *fight club* fue realizada en el capítulo dos.

[4] "Estaca", "novia" o "bombero" eran términos que referían a diferentes ejercicios de este tipo.

volver a una posición donde sus pies estuvieran apoyados en el piso. Luego seguían las "salidas de cadera", que consistían en un movimiento de desplazamiento mediante el que se arrastra en el piso con la cadera, y otra serie de ejercicios similares que apuntaban a lograr pericia en ciertos movimientos recurrentes en las técnicas del BJJ. Terminada esta etapa se pasaba a ejercicios más estáticos, que no implicaban desplazamiento a lo largo del tatami, sino específicamente destinados a fortalecer diferentes partes del cuerpo: abdominales, flexiones de brazos y ejercicios de fortalecimiento y elongación del cuello. Estos últimos ejercicios se realizaban formando un círculo entre los participantes. El tiempo de ejecución estaba medido por el conteo que realizaba alternativamente cada participante en voz alta, circulando el turno para el conteo a lo largo del círculo. Cada ejercicio por realizar era definido por el instructor, que daba el nombre del ejercicio y los alumnos lo ejecutaban.

Esta primera etapa resulta particularmente dura para quienes recién empiezan, requiere de cierto esfuerzo físico que al cuerpo no entrenado no le resulta fácil realizar. Cada uno de los alumnos regula la intensidad en función de sus capacidades pero siempre observando lo que el grupo realiza. Lo mismo ocurre con la forma de ejecutar el ejercicio, no hay una explicación detallada de este cada clase, se espera que el practicante imite a sus compañeros en cada ejercicio. Esto pone al principiante en una doble desventaja, lo que demanda un esfuerzo notable, ya que su cuerpo por lo general no responde a las exigencias físicas que se le demandan y al mismo tiempo necesita estar copiando los movimientos mientras ejecuta los ejercicios; dado su desconocimiento de estos no es solamente un tema de acondicionamiento "corporal". Ejecutar un ejercicio y quedarse sin aire, ver cómo los compañeros realizan los movimientos con pericia mientras uno no puede realizarlos, sentirse perdido por no saber qué se debe hacer a continuación implica una cierta tensión "mental" y "emocional" que el practicante debe enfrentar y tratar de superar. El acondicionamiento "físico" no es solo "corporal", sino que involucra un acondicionamiento del cuerpo-sujeto completo. No se puede separar estas dimensiones, lo que se espera del iniciado es que supere estos sentimientos y frustraciones y "temple" su carácter. En el inicio de mi trabajo, esta sección me resultó una de las más duras. Debido a que habían pasado años desde mi última actividad física intensa y continuada, mis músculos y mi capacidad corporal no estaban en su mejor estado y tenía cierto exceso de peso. Cada vez que empezaba el trabajo físico me agotaba rápidamente, no podía terminar de ejecutar los ejercicios y me quedaba rápidamente sin aire. Al mirar a mi alrededor veía a todos mis compañeros realizar los ejercicios sin aparente dificultad y dudaba de mi capacidad de poder lograrlo. La sensación que tenía estaba entre la vergüenza y la frustración. Ver a mis compañeros me motivaba para poder esforzarme un poco más, pero mis limitaciones físicas, sumadas a mi torpeza en los movimientos, me desmoralizaban rápidamente. Cuando me detenía antes de que terminara la secuencia numérica o no podía realizar un ejercicio, me disculpaba. Los compañeros y el instructor, en esos momentos, se mostraban comprensivos y me daban frases de aliento. Si un ejercicio me costaba mucho o era imposible para mí realizarlo, se acercaban y me daban sugerencias e indicaciones. Esto lo pude observar también en otros principiantes que, al no poder realizar la tarea, se mostraban desilusionados o afirmaban cosas como "Nunca me va a salir este movimiento" o "Yo no estoy para esto". Luego de las primeras clases, los dolores musculares y articulares al día siguiente eran muy intensos y se convertían en una de las principales razones por las que me planteaba no regresar a la siguiente clase. Con el tiempo, esto cambió y me acostumbré a la secuencia de movimientos y esto dejó de ser un problema. Esta sección no era la favorita de los practicantes en general; los más avanzados, que ya tenían confianza con el instructor, muchas veces llegaban tarde y se salteaban el trabajo físico.

El entrenar como acto de sufrimiento, no solo corporal sino también como tensión mental y emocional, y el desarrollo de la capacidad de resistir y seguir adelante, forman parte de las manifestaciones discursivas de los practicantes. Por ejemplo, la frase "Odié cada minuto de entrenamiento, pero dije: 'No renuncies. Sufre ahora y vive el resto de tu vida como un campeón'", adjudicada a Mohamed Alí, el famoso boxeador, era asiduamente citada en las redes sociales. Igualmente se invocaba la figura del guerrero o el samurái que superaba la adversidad a través de la voluntad y el esfuerzo. El concepto de "aguante" también aparecía en reiteradas ocasiones en los dichos de los mismos practicantes, lo cual guarda cierta relación con la categoría propuesta por Garriga Zucal y Alabaceres (2007), pero que va más allá del enfrentamiento físico y el aguante del dolor. Aguantar el sufrimiento y superar la frustración es un camino de mejora del sujeto, un camino de formación del carácter y del artista marcial, conforma parte del *ethos* propio de la práctica del BJJ. En este sentido la parte "física" de la clase no apunta a formar "cuerpos" sino cuerpos-sujetos particulares. Esto está en línea con lo que afirma Greg Downey (2005: 131) en su trabajo sobre el aprendizaje del *capoeira* en Brasil: "Uno puede transformar su propio cuerpo solo si transforma su carácter al mismo tiempo". La transformación del cuerpo y la subjetividad están profundamente ligadas, como ya lo manifestaran Michel Foucault (2002: 139) con sus "cuerpos dóciles" y Marcel Mauss (1971: 337) con sus "técnicas corporales". Sin embargo, la transformación no puede pensarse en un sentido u otro, no es el cuerpo el que transforma la subjetividad o viceversa, la transformación se da siempre como dos caras de la misma moneda, de manera simultánea y recíproca. Lo que hay es un ejercicio transformador sobre el cuerpo-sujeto, aun cuando el objetivo declarado sea operar sobre el cuerpo-objeto (por ejemplo, transformarlo física o estéticamente): no hay posibilidad de no afectar su subjetividad. Tampoco el objetivo es solamente operar una transformación de la subjetividad a partir del cuerpo, lo que se necesita es un individuo con ciertas habilidades físicas pero que ellas sean inseparables de cierto carácter asociado, de cierta actitud subjetiva al momento de la ejecución. En este sentido la distinción de "cuerpo" y "mente" se vuelve problemática para entender el fenómeno. Esto tomará aún más relevancia al momento de aprender la técnica, pero sobre todo al momento de luchar, donde todos los elementos del aprendizaje serán puestos en juego.

La siguiente sección de la clase está destinada a la transmisión de las técnicas. Por lo general, dependiendo del tamaño de la clase, los practicantes se disponían en parejas, separando a los "graduados" de los "blancos". Esto permitía trabajar con grupos de alumnos que estuvieran en distintas etapas de avance. Es importante resaltar que no se separaba a los "graduados" por color de *faixa*, es decir, que las técnicas que se pasaban eran independientes del grado del practicante.

Las técnicas de lucha en el BJJ son muchas, y como veremos en la próxima sección, aumentan continuamente. No se encuentran sistematizadas en un canon específico ni están asociadas a un nivel particular. Esto es un importante contraste con el judo, en el cual el BJJ tiene sus remotos orígenes, donde las técnicas y muchas de sus variantes más comunes están representadas en un canon que la institución, el *Kodokan*, publica periódicamente, y donde cada grupo de técnicas está asociado a un color de cinturón particular. Es decir que, para poder pasar de un

cinturón al siguiente, al practicante se lo examina en función del conocimiento objetivo de cierto grupo de técnicas. Esto no ocurre en el BJJ, y
es uno de los motivos por lo cual es difícil establecer criterios objetivos
para la graduación, que depende en gran parte de la valoración del *mestre*.

Como señalaba más arriba, al momento de pasar las técnicas, poco
importa el nivel del graduado. Hay técnicas que se juzgan más difíciles
que otras debido a la complejidad de los movimientos. "Complejidad"
implica, en este contexto, la necesidad de poseer ciertas destrezas para
ejecutar la técnica que no son precisamente fáciles de adquirir (por
ejemplo, mucha flexibilidad, o agilidad en el movimiento en el suelo) y/o
que contienen muchos movimientos combinados para su ejecución. Sin
embargo, se espera que todos los ejecutantes la intenten. En el caso de los
avanzados, las técnicas se van dando a lo largo de las clases, usualmente
repitiéndola o realizando variedades de esta, a lo largo de una semana. De
esta forma hay técnicas que se dan muy pocas veces y no se repiten nunca
más y hay otras que se vuelven a ver en detalle en otro momento. Qué se
enseña y qué no depende del *mestre* o del instructor a cargo de la clase,
de sus conocimientos y de su estilo de lucha. Sin embargo, los graduados
llegan conocer cierto grupo básico de técnicas independientemente de
lo que hayan visto en las clases, lo cual da la pauta de que el aprendizaje
de las técnicas no depende exclusivamente de lo que se enseña en esta
sección de la clase.

El caso de los cinturones blancos es diferente, a ellos sí se les enseña
cierto grupo de técnicas que siempre suelen ser las mismas y en el mismo
orden. Son ciertos movimientos que los practicantes consideran elementales para poder hacer BJJ y que son los elementos básicos para poder
luchar y para comprender técnicas más elaboradas. Estos movimientos
elementales comprenden algunas posiciones, ataques y defensas mínimos
para saber cómo desenvolverse, pero que también permiten transmitir al
practicante qué se espera de él en la lucha. Es también a partir de estos
primeros pasos que se construye en el alumno la capacidad perceptiva
que necesita para poder entender lo que sucede en la lucha. Quienes explican la técnica, la ejecutan sobre el cuerpo del iniciado y le preguntan
si "siente" la posición de los brazos, o el peso del cuerpo del oponente
o si "siente" hacia dónde se dirige el movimiento. En las secciones que
siguen a continuación explicaremos más en detalle cómo es este proceso
de transmisión de una técnica y cómo esto conforma parte del proceso

de aprendizaje, sin embargo es importante resaltar en esta instancia que, sumado al desarrollo físico, al manejo de las emociones, al carácter y al dolor en el cuerpo, está el desarrollo de ciertas habilidades de percibir y "sentir" corporalmente, y al mismo tiempo la idea de crear una serie de movimientos y técnicas básicas mínimas. Cuando el iniciado ya adquiere cierta pericia en los movimientos básicos, pasa a ser "blanco avanzado" y muchas veces pasa a formar parte del grupo de los "graduados". Esta idea de poder transmitir cierto esquema y movimientos básicos para poder luchar la expresa "el Perro" (comunicación personal, 4 de enero de 2016) de esta manera:

> Pero saliendo de los estándares competitivos, yo me pongo en el lugar del pibe que viene a entrenar y no entiende una goma… entonces me pongo en el lugar y qué hago, entonces trato de generarle un librito, un cuento… decirle "Mirá, luchar es esto, vos estas acá, él [el adversario] está acá, él puede hacer esto, cuando él hace esto, yo puedo hacer esto, esto o esto". Entonces empiezo a pasar una secuencia de técnicas básicas, le armo un libreto, para que el tipo trate de ir para ahí y llevarlo a un terreno donde él conozca alguna técnica. Entonces me pongo en el lugar del tipo que no sabe y empiezo a trabajar sobre técnicas de movimientos básicos, como para que él al toque pueda luchar. Para mí lo más importante del *jiu-jitsu* es luchar, no la técnica.

Para el aprendizaje de las técnicas el trabajo se realiza en pareja. No es posible aprender los movimientos sin un compañero. Esto es una diferencia con otras artes marciales donde hay secuencias de movimientos específicos que se pueden ejecutar en solitario. Todo el aprendizaje se realiza siempre con un compañero. La presencia de otro que "preste" su cuerpo, como dicen los practicantes, se plantea como esencial para poder interiorizar la técnica. Sin el cuerpo del otro, los movimientos no tienen sentido y muchas veces son irrealizables. Veremos esto con más detalle en las siguientes secciones.

La última sección de la clase está destinada a luchar. Como mencionamos en el segundo capítulo, los alumnos luchan desde el primer día. Según sus practicantes, el BJJ se aprende luchando, por tal motivo es que se lucha desde temprano. Pero esto no solo está relacionado con la necesidad de aprender haciendo, que es muy importante, sino con la motivación necesaria que implica aprender. El aprendizaje de las técnicas es altamente frustrante en esta disciplina. Desde mi perspectiva personal, sentía que luego de meses de práctica yo era incapaz de aprender a ejecutar las técnicas correctamente y al mismo tiempo resultaba tediosa la constante repetición de ejercicios. Sin embargo, al llegar el momento de luchar, uno podía percibir clase a clase que uno ya no se sentía tan indefenso, o que al menos uno tenía una idea de lo que quería intentar realizar, pese a ser derrotado continuamente. Este progreso percibido, sumado a la emoción fuerte de estar luchando con alguien y realizando un esfuerzo físico importante, era altamente motivante. "El Perro", consultado al respecto de por qué era tan importante luchar desde tan temprano, mencionó que la gente viene "a divertirse". Luchar es más que poner en práctica las técnicas, implica un cierto espacio lúdico que es necesario para mantener la motivación al aprender el arte.

Las luchas se organizaban formando parejas en el tatami, usualmente de seis a ocho, dependiendo del tamaño del grupo, y ocupaban todo el espacio del tatami. Para comenzar las luchas los graduados tienen prioridad. Cada secuencia de luchas dura cinco minutos, y el tiempo es regulado por un reloj con chicharra que anuncia el inicio del combate y el final. La lucha inicia, por lo general, con ambos contrincantes en el suelo, uno asumiendo una posición defensiva, sentado sobre el tatami, y el otro sobre una rodilla y un pie apoyado. A partir de ahí comienzan a "rolar", es decir, luchar intentando aplicar las técnicas que conocen. El detalle de las técnicas y posiciones permitirá entender con mayor precisión cómo es una lucha de BJJ. Lo que necesitamos entender ahora es que en el proceso de luchar ambos competidores estarán trenzados en combate cuerpo a cuerpo, casi sin despegarse uno de otro, y se desplazarán por el tatami. Cuando dos parejas chocan y se dificulta continuar la lucha, una de ellas se desplaza a otro lugar. La prioridad para continuar luchando y no desplazarse siempre la tienen los más graduados: es responsabilidad de los menos graduados darse cuenta de que han colisionado con alguien de mayor grado y desplazarse para no molestar. Cuando termina el turno de lucha entran las parejas que no habían podido luchar y el reloj arranca nuevamente. Usualmente el reloj se configura para dar un espacio de un minuto entre combate y combate. Esto dura por todo el espacio restante de la clase y a veces se extiende un poco más allá del tiempo asignado a esta, dependiendo de que no haya actividades programadas a continuación. En el transcurso de las luchas los combatientes ejecutan permanentemente las técnicas aprendidas. Usualmente una lucha de BJJ termina cuando alguien "define" a su oponente, esto es, aplica una palanca a una articulación o realiza una estrangulación. Sin embargo, en estas luchas de entrenamiento, una vez que se logra "definir" al oponente, se reposicionan los contrincantes y empiezan nuevamente. Si por algún motivo en el transcurso de la lucha la pareja de oponentes llega a los límites del tatami, detienen la lucha, se desplazan más hacia el centro y prosiguen exactamente desde la misma posición en la que estaban antes de la interrupción.

Terminadas las luchas la clase concluye, sin embargo, dependiendo del turno de entrenamiento (mañana, tarde o noche), muchas veces los alumnos se quedaban hablando al costado del tatami, en la pequeña entrada del *fight club* de "el Perro" o, si el clima lo permitía, sobre la calle, sentados en sillas plásticas. Estos espacios de socialización permitían reforzar vínculos entre los alumnos y al mismo tiempo con "el Perro". Un grupo de practicantes, en general graduados, alumnos y compañeros que empezaron con "el Perro" desde sus primeros momentos de enseñanza no solían faltar en estos espacios de socialización. De esta forma, si bien había una gran cantidad de practicantes sobre el tatami, había un grupo especialmente cercano a "el Perro" que participaba de forma más asidua en la vida del PFC. A este grupo más cercano "el Perro" podía confiarle la apertura y cierre del PFC, o incluso dar clases en su ausencia. Las relaciones con los fluctuantes miembros de este grupo, a quienes a veces "el Perro" refería como sus "soldados", también jugaba un importante rol a la hora de decidir quiénes podían dar clases en otros gimnasios o incluso quiénes podían llegar a graduarse más rápidamente. Este grupo siempre estaba bajo una mirada más atenta por parte de "el Perro".

La relación pedagógica con los alumnos y el *mestre* era importante dentro de los valores propios de Insurgence, como se observó en el capítulo dos, ya que era uno de los elementos contrastantes con el estilo de enseñanza de la academia Bulldog. De esta forma, "el Perro" se enorgullecía de saber el nombre de cada uno de sus alumnos, cómo luchaba y cuánto entrenaba. Para esto último igualmente contaba con una planilla de cálculo donde anotaba la frecuencia con la que un determinado practicante pagaba la cuota y así podía ver fácilmente si mantenía constancia en la práctica. En el tatami, "el Perro" le dedicaba bastante cuidado a explicar las técnicas que pasaba y rara vez alguien "pasaba técnica" si él estaba presente en el tatami. De la misma forma, nadie le corregía públicamente o al menos en forma directa si cometía un error al mostrar una técnica.

Si bien las reglas de etiqueta eran bastante laxas dentro del tatami, el respeto por la figura del *mestre*, como aquel que imparte saber, se conservaba bastante. Pese a esto, la relación con "el Perro" y sus alumnos era bastante horizontal. Los alumnos le hacían bromas y lo trataba como uno más, no lo saludaban con muestras de especial respeto, como por ejemplo ocurre en otras artes marciales como el judo, ni pedían permiso para entrar o salir del tatami. Sin embargo, dentro de este la autoridad en lo relativo al conocimiento era absoluta, aunque había intercambios de conocimiento entre los practicantes en los momentos en los que "el Perro" no estaba explicando. Cuando se "pasaba la técnica" todos hacían silencio y si estaban practicando otro ejercicio debían parar y prestar atención. Durante la ejecución de la técnica "el Perro" solía caminar entre las parejas ejecutantes, parándose a su lado y eventualmente corrigiendo detalles. Ejecutar bajo la mirada del *mestre* implicaba cierta tensión, ya que si bien uno podía buscar sus correcciones para mejorar la técnica, al mismo tiempo uno buscaba su aprobación para demostrar progreso.

A través de los años varias cosas fueron cambiando en la forma de organizar la clase e impartir conocimientos, en particular el proceso de fusión con Novo Mundo y el rol creciente de internet como fuente de información, que serán los principales vectores de cambio que se analizarán.

Novo mundo y el BJJ global

En el capítulo tres relatamos el proceso de fusión de la academia Insurgence con Novo Mundo, una academia internacional con fuerte presencia en Brasil. Esto produjo importantes cambios en la relación entre el *mestre* o el instructor y los alumnos. Un elemento nuevo fue que algunas normas de etiqueta se reforzaron. En particular, los alumnos ahora pedían autorización a la persona con mayor graduación en el tatami antes de entrar. Varias de estas normas se pusieron por escrito en la pared del *fight club*.[5] Pero estas normas que reforzaban los signos de respeto externo fueron acompañadas por un alejamiento del *mestre* como centro de la clase.

Con la conformación de los equipos de competición y junto con la recaudación extra por graduaciones y aportes de las sedes se pudo organizar viajes de entrenamiento a Brasil. Los practicantes avanzados que estaban dispuestos a realizar un viaje prolongado y que eran considerados como buenos candidatos para ganar las competencias recibían la oportunidad

[5] Ver Fotografía 11.

de ir a entrenar a una sede de Novo Mundo en Brasil por periodos de semanas o meses. En estos viajes, los elegidos entrenaban tres veces al día seis veces por semana, con mayor o menor intensidad, junto a practicantes avanzados y algunas de las figuras del BJJ internacional que pertenecían a Novo Mundo. Esto mismo sucedía para el equipo de competición de MMA. Sin embargo, estas prácticas llevaron a una especialización de ambos tipos de competidores. Quienes se dedicaban al BJJ dejaron de pensar el MMA como una actividad complementaria: el BJJ era ahora el foco de su entrenamiento y muchos pensaban en un futuro en el que pudieran vivir del arte. Novo Mundo había abierto la puerta a nuevos circuitos de competición donde se podía ganar premios en efectivo; al mismo tiempo, el prestigio de estas competencias había crecido y los *sponsors* estaban más dispuestos a invertir en los competidores. "El Perro" estaba para este momento abocado a las MMA y la práctica del BJJ había quedado relegada para él, por lo que muchos de sus alumnos más avanzados habían crecido mucho en nivel, e incluso lo superaban en conocimiento y en combate. De esta forma, en las clases, estos alumnos avanzados eran los que terminaban "pasando" las técnicas. Pero no solo daban la clase, sino que "el Perro" mismo asumía el rol de alumno aun teniendo la *faixa preta* con dos grados frente a un instructor que tenía solo una *faixa roxa* o marrón. "El Pela", otro cinturón negro avanzado que gestionaba su propia sede, reveló en una entrevista que a él le gustaba invitar a estos competidores a que dieran la clase en su sede. De esta forma, mientras que, por un lado, las muestras de respeto se hacían más rigurosas, por el otro, el rol del *mestre* se desplazaba del centro de la enseñanza. Entonces otros aspectos del rol tomaron fuerza, como la experiencia, la capacidad de liderar una sede y la capacidad de mantener al grupo unido, motivado y alineado con los objetivos de la academia, pero el aspecto técnico ya no estaba en el centro de este rol.

Otro cambio importante fue el papel central que empieza a tomar internet como medio de intercambio de información. Federico, uno de estos competidores avanzados que referimos anteriormente, nos decía esto: "Internet es todo. Ves lo último. Hay que estar actualizado todo el tiempo. Siempre hay algo nuevo, que si lo conocés por ahí zafás". Quienes entrenaban BJJ comenzaron a buscar técnicas en videos de internet y a tratar de copiar lo que veían. Al mismo tiempo, las redes sociales comenzaron a poblarse de videos con instructivos donde personalidades del BJJ y otras menos prestigiosas explicaban una técnica específica y mostraban su aplicación. Las técnicas que comenzaban a divulgarse no eran solamente las que podía conocer un *faixa preta* avanzado en el BJJ, no eran parte de las técnicas "clásicas" conocidas: lo que comenzaba a verse eran nuevas técnicas. En varios lugares del mundo, los competidores de primera línea desarrollaron técnicas nuevas para poner en práctica en las competencias importantes y obtener una ventaja. El principio era sorprender al rival. Como veremos en las próximas secciones, cada técnica de BJJ puede ser defendida de alguna forma con cierta habilidad. De esta manera, en el combate, los competidores están a la expectativa de que el rival realice determinados ataques para los que está preparado para defenderse. Si el atacante sorprende con algo nuevo, algo que no se esperaba, puede tener una oportunidad de terminar la lucha con una victoria. Las palabras de Federico refieren a este fenómeno.

El aprendizaje indirecto a través de otros medios que no fueran la práctica directa no era nuevo. Desde hacía años, en otras artes marciales y en el BJJ también, se publicaban revistas, libros y videos. Hasta incluso Rodolfo, cabeza de Insurgence y Novo Mundo, había mencionado que él aprendió algunas técnicas a partir de videos promocionales. Sin embargo lo que se tenía ahora era un fenómeno a gran escala, donde el acceso al conocimiento estaba al alcance de cualquiera. En el siguiente apartado discutiremos las implicancias de aprender a partir de fotografías o videos, pero lo importante en este momento es lo que significa poder acceder a conocimiento que ya no proviene del *mestre* y ponerlo en práctica en el tatami. Cuando este fenómeno comenzó, hubo muchas reacciones en contra. Algunos, como Pedro, el hermano de "el Perro", afirmaban que aprender de videos era algo propio de "fantasmas", que solo se podía aprender en el tatami con un *mestre* que "pasara" la técnica. Sin embargo, con el paso del tiempo, esta tendencia se volvió imposible de revertir y se convirtió en un fenómeno generalizado que trascendía las fronteras del PFC y Novo Mundo. "El Perro" (comunicación personal, 4 de enero de 2016) comentó lo siguiente respecto a esta transformación del rol del *mestre*:

> Inclusive ahora estamos viviendo en una era donde se modificó todo. Antiguamente era como que en las artes marciales las técnicas eran lo más valioso. Y el que tenía el conocimiento es el que tenía lo más valioso. Entonces, ¿el tipo que tenía el conocimiento qué hacía? Lo distribuía de

a gotas. ¿Para qué? Para seguir estando él en la cima y seguir haciendo de eso un negocio o ganar respeto o ganar algo. O fama o plata. Hoy por hoy en la época de la globalización, donde hay redes sociales, YouTube, vos ponés "técnicas" y hay millones. Millones de técnicas... Incluso ahora revolucionaron lo que es el sistema de enseñanza porque hay mucho *drill*, un sistema secuenciado de técnicas, repetitivo, repetitivo... que está orientado más al alto rendimiento, al competidor.

Federico comentaba que él llevaba su celular con los videos para sacarse las dudas sobre las técnicas mientras las practicaba en el tatami. Ya no solo el *mestre* estaba desplazado en su rol central a la hora de enseñar, sino que la tecnología era parte de las herramientas al momento de practicar en el tatami. Dale Spencer (2014: 12), en su trabajo *From Many Masters to Many Students: YouTube, Brazilian Jiu Jitsu, and communities of practice*, estudia con más detalle este fenómeno y concluye:

> (…) No es que YouTube remueva las distinciones jerárquicas entre maestros y neófitos o el rol de los cinturones negros en la enseñanza de las técnicas, sino que hay una fertilización cruzada de técnicas y filosofías a lo largo del mundo del BJJ.[6]

El nuevo rol del *mestre*, los viajes a Brasil y el papel de internet sobre el tatami dejaron su marca en la forma de estructurar las clases. La estructura de la clase en tres partes comenzó paulatinamente a deshacerse. Lo primero que ocurrió fue que la parte física comenzó a ser cada vez menos intensa y más corta, hasta el punto de desaparecer casi completamente en el PFC. Este tiempo se volcó a la parte técnica, dando más espacio para explicar nuevos movimientos. Rara vez "el Perro" daba la clase, ya sus alumnos competidores avanzados eran quienes tomaban el rol de enseñar. La modalidad de "pasar técnica" conservó las características generales antes descriptas, pero con algunas salvedades. Cuando el encargado de explicar la técnica terminaba la explicación, especialmente en los grupos de practicantes avanzados, los otros alumnos que estaban al mismo nivel –e incluso "el Perro" y otros *faixa preta* presentes– preguntaban, cuestionaban o sugerían elementos relativos a la técnica. La explicación era discutida. Una vez finalizada esta, las parejas de practicantes comenzaban a ejecutarla, sin embargo, era lícito que practicaran variaciones o que agregaran cosas que hubieran visto en otro lugar. Incluso algunas parejas

---

[6] Traducción del autor.

128

elegían practicar algo que vieron en un video y no la técnica explicada y consultarle al mismo instructor o a un compañero avanzado sobre las dudas en la ejecución. En los grupos de principiantes, los cinturones blancos, las cosas eran un poco menos heterogéneas al momento de realizar las técnicas: eran menos supervisados por quien estaba a cargo de las clases y eran otros alumnos graduados quienes por lo general corregían su ejecución y aconsejaban a los alumnos. El hecho de que la parte "física" fuera perdiendo espacio se debía, en parte, a que en Brasil no se realizaba. El desarrollo del cuerpo y las destrezas necesarias para practicar el BJJ era responsabilidad del mismo practicante, no formaba parte de la clase. No es que se hiciera más liberal la práctica física, sino que se esperaba que el cuerpo-sujeto interiorizara los mandatos propios del *ethos* del BJJ y se autodisciplinara para aspirar a desarrollar él mismo su cuerpo-objeto. Esta interiorización no se daba desde el plano normativo, sino que era en la lucha principalmente y en la modalidad de aprendizaje de las técnicas. El tener herramientas para poder tener una ventaja en la lucha, el sentir que eso producía un progreso y el reconocimiento de sus pares impulsaban al practicante a que él se encargara de desarrollar su cuerpo-objeto. Se suma a esto que el cuerpo-objeto del practicante de BJJ ya había formado ciertos estereotipos a los que aspirar: musculatura fibrosa y visible pero no excesiva, vientre chato, flexibilidad, etc. Nos referimos en este caso al cuerpo-objeto, porque desde el plano discursivo el mismo se concebía como una herramienta por desarrollar, o un objeto a modelar, sin embargo, esto no debe ocultar el hecho de que era un cuerpo-sujeto lo que se transformaba en ese acto.

La sección de las luchas no se vio tan afectada pero cambió un poco en su ordenamiento. Los practicantes avanzados luchaban entre ellos sin dar mucho espacio a los novatos y los turnos de lucha no se respetaban. Es decir que los avanzados dejaban de luchar cuando se cansaban o querían practicar alguna técnica. En la lucha buscaban probar sus nuevas técnicas con diferentes practicantes que les sirvieran a sus propósitos, por tal motivo esquivaban, en la medida de lo posible, a los novatos y a aquellos practicantes que usaban mucho su fuerza física y frustraban o dificultaban la ejecución de las técnicas. El núcleo de practicantes avanzados se volvió así mucho más cerrado que antes.

Los cambios que se dieron en la academia afectaron en gran medida la forma en la que las clases se llevaban adelante y las fuentes de conocimiento legítimas para aprender el arte. La forma de aprender y de experimentar el BJJ estaba en relación con todos los aspectos que rodeaban al PFC. El *fight club* no era un entorno de práctica, sino que era parte del dispositivo de aprendizaje. Hechas estas descripciones generales de las clases, es momento de detenernos en los aspectos específicos del aprendizaje del arte.

Aprender BJJ

Hasta el momento hemos analizado las características generales de las clases en el PFC, sin embargo, no hemos tocado los puntos específicos sobre cómo es que se enseña el saber específico del BJJ, cómo se aprenden las técnicas: qué acciones realizan los *mestres* para transmitirlas (la explicación), qué hacen los practicantes para poder interiorizarlas (la práctica) y cómo todo esto se pone en práctica (la lucha). Pero antes de poder avanzar debemos poder aclarar cuáles son las características generales del BJJ como disciplina.

Caracterización del BJJ

En el segundo capítulo brindamos una extensa historia del BJJ y un breve relato que intentaba transmitir lo que significa pararse frente a un oponente y luchar. Sin embargo, es difícil transmitir en qué consiste una disciplina que se ejecuta con la totalidad del cuerpo-sujeto utilizando solamente el recurso textual. Incluso brindando fotografías o diagramas, es complicado capturar el aspecto dinámico que está involucrado en el acto de luchar. Para poder realizar esta tarea se necesita crear algunos artificios analíticos que permitan describir la práctica y formar una idea de qué es una lucha de BJJ. De esta manera, a continuación se propone un esquema, una estructura analítica de las técnicas del BJJ para facilitar la comprensión del lector. Parte de esta estructura involucra varias categorías nativas pero ordenadas de una forma particular no relacionada con el modo en que los practicantes describen el arte.

El proceso de sistematización implicó una reflexión no solo sobre las prácticas observadas en otro, sino también un proceso de reflexividad sobre los saberes incorporados en la misma práctica del BJJ. Este proceso coincidió en parte con una transformación de mi rol en el campo, donde pasé de alumno a instructor. Los detalles de este pasaje serán brindados en una sección posterior, sin embargo, vale aclarar que algunos de estos esquemas analíticos fueron útiles para poder transmitir oralmente a los alumnos que se acercaban a mis clases lo que es el BJJ. Sin embargo, no fue esta la forma en la que me fue transmitido durante mi trabajo de campo.

EL BJJ como se practica en la actualidad es, como lo refieren sus practicantes, un arte marcial de "lucha". Con esto refieren al hecho de que no hay golpes intencionales involucrados. En el BJJ no se dan puñetazos, codazos o patadas, el objetivo es "definir" o "someter" al contrincante (lograr que se rinda) a través de palancas sobre las articulaciones o músculos, o estrangulaciones. Como ya mencionamos anteriormente, las luchas se realizan con el kimono (o *gi*), que es el uniforme "tradicional" del BJJ, o con una remera de licra y pantalón corto. El objetivo implícito detrás de esto es que el dominio del BJJ permitiría, en una situación de enfrentamiento "real", inhabilitar al oponente o lesionarlo severamente para incapacitarlo y que no pueda continuar el combate. Para el practicante de BJJ "la lucha empieza de parado pero siempre termina en el suelo".[7] En este sentido, luchar implica llegar al suelo y aplicar técnicas manteniendo un contacto completo y continuo con el oponente. Norberto, el primer instructor con el que entré en contacto en el BJJ, decía: "Para el 'jiujitsero' el piso es su hogar". Los practicantes del BJJ consideran que el suelo es su entorno natural, que están plenamente adaptados al mismo y que esto les dará una ventaja en el momento de luchar. Una frase popular que circulaba en cierto momento en el PFC y las redes sociales rezaba lo siguiente: "El boxeador puede ser mortal en el *ring*, pero si lo lanzan a un estanque de tiburones solo es comida"; claramente el "jiujitsero" es el tiburón y el piso, el agua. Muchas otras descripciones nativas dan cuenta de la relación que se establece entre la lucha y el suelo. Como relatamos en el capítulo dos, la preponderancia del suelo tuvo su génesis en la forma en la que el BJJ se apropió de las técnicas del judo en sus orígenes, para luego convertirse en un elemento identitario de relevancia.

Cuando vi los primeros combates de BJJ al comenzar la práctica, no entendía muy bien qué ocurría. Desde mi percepción había dos personas trenzadas una sobre otra que iban desplazándose por el suelo haciendo fuerza. Mi percepción era que no pasaba absolutamente nada la mayor parte del tiempo hasta que súbitamente se veía que uno de los luchadores claramente atacaba un miembro del contrincante o lo estrangulaba y este se rendía. A veces se rendía y no podía interpretar por qué había ocurrido.

---

[7] Frase muy citada por varios practicantes.

La posición básica que se veía muy seguido era una persona acostada en el piso y otra acostada o arrodillada entre sus piernas. En las primeras clases con Norberto, en el mismo espacio se practicaba una disciplina aeróbica asistida principalmente por mujeres; ellas miraban en las pausas las peleas y habían apodado al grupo los "tipos cariñosos", porque estaban siempre en estas posiciones de contacto cercano. Entender el BJJ mirando un combate puede ser una tarea muy difícil. Federico, a quien ya mencionamos, decía lo siguiente: "Para entender la lucha realmente tenés que entender lo que está pasando. No conocés la técnica, la posición, los agarres que tiene o qué guardia está haciendo, mirando la lucha si no conocés lo que es el BJJ". Son los agarres, posiciones, técnicas, guardias, etc., aquellos puntos específicos a los que hay que prestar atención para poder interpretar una lucha.

A lo largo del proceso de aprendizaje pude ir abstrayendo una descripción de los movimientos como para poder describir cómo es una lucha de BJJ. Esta abstracción está en parte construida por el discurso nativo, pero no es algo que se haya encontrado explicitado de esta manera. Una lucha de BJJ puede definirse como la aplicación de una serie de técnicas a un oponente que se resiste aplicando respectivas contratécnicas, con el objetivo de obtener una ventaja que permita lograr un ataque exitoso y forzar la rendición del rival. La lucha se desenvuelve como una continua transición entre diferentes posiciones donde se van ensayando diversos ataques. Estas posiciones se pueden dividir en guardias, posiciones de dominio y posiciones de transición. La guardia es una posición donde ninguno de los dos oponentes tiene una clara ventaja sobre el otro, pero uno tiene una posición ventajosa para realizar ataques y la iniciativa ofensiva. El contrincante, por lo general, tiene pocos ataques que realizar y se dice que "está en la guardia" del otro. El objetivo principal de quien está en esta posición es "pasar la guardia" para lograr una posición de dominio o llevar al contrincante a su propia guardia. Usualmente quien tiene la guardia está de espaldas al piso y el que "está en la guardia" está sobre el primero y posiblemente bloqueado o atrapado entre las piernas y/o los brazos del dueño de la guardia. En el caso de las posiciones de dominio, a diferencia de la guardia, el que tiene el lugar dominante es quien está arriba y el dominado es el que está contra el piso. El luchador dominante está en una clara ventaja y en una posición privilegiada para realizar ataques. Quien está siendo dominado, por lo general, solo tiene una alternativa, que es escapar de la posición. El último tipo de posiciones son las de transición, en las cuales no se debe permanecer, ya que implican exponerse a ser atacado o dominado, pero permiten ciertas opciones para aplicar técnicas o variantes a diferentes guardias o posiciones de dominio. Cuando un contrincante que está siendo dominado o tiene en su guardia al oponente "transiciona" de la posición y "queda arriba", entonces se dice que "invirtió" (en algunos casos que aplica una "raspada") a su oponente. Si el luchador está en la guardia de su oponente y "transiciona" a cualquier posición de guardia o de dominio, entonces se dice que "pasó la guardia".

En las guardias y en las posiciones de dominio es donde se realizan, en líneas generales, los ataques y las defensas a estos. Un ataque busca aislar un miembro del oponente o su cabeza, para poder concentrar las fuerzas del cuerpo en esta y lograr someter al otro. Lo que se busca es mejorar el balance de fuerzas para someter, por ejemplo, el brazo del oponente con las piernas y los brazos propios. Si consideramos todo esto, una lucha puede analizarse como pasos de una posición a otra, ataques, defensas y contrataques.

Para poder analizar esto tuve que desarrollar un sistema de notación gráfica que me permitiera registrar las técnicas que iba aprendiendo y al mismo tiempo analizar las propiedades de la lucha en el arte marcial. Haciendo uso de ciertas herramientas de análisis de redes (el grafo), tracé mapas de estas técnicas donde uno podía rastrear en una lucha qué estaba sucediendo y qué posibles caminos se podía esperar que siguieran. El detalle de este desarrollo, las herramientas que se usaron, los resultados y los problemas que aparecieron pueden consultarse en el Anexo 2 de este trabajo. Lo que deseo destacar aquí es que una lucha puede pensarse como un grafo con nodos principales, que son las posiciones antes señaladas, de las cuales salen ataques, inversiones o pasajes de guardia que "transicionan" a otras posiciones o ponen fin a la lucha. De los ataques o definiciones, pasajes e inversiones pueden salir a su vez contratécnicas, que al mismo tiempo también pueden ser defendidas.

Realizada esta breve caracterización de lo que es el BJJ, cómo clasificar sus movimientos y cuál es el lenguaje utilizado, pasaremos ahora a hablar sobre los otros aspectos del proceso de aprendizaje.

La explicación

Durante el periodo en el que se desarrolló la investigación en el PFC las formas de dar las clases fueron cambiando, así como también los instructores. Cada instructor tenía su propia modalidad a la hora de "pasar técnica". Sumado a esto, la investigación involucró participaciones en otras sedes de la academia Insurgence, que guardaban relación con el PFC, ya sea porque había una relación de interacción y visitas frecuentes entre alumnos o porque el instructor a cargo había sido formado por "el Perro". Ante la pregunta sobre cómo organizaban las clases las respuestas eran imprecisas y muchas veces improvisadas en el momento. Algunos resaltaban el "mostrar", otros la explicación detallada para "desarmar la técnica" en partes y otros ponían énfasis en que el alumno "sientiera" cómo se ejecutan las técnicas sobre sí mismo y sobre otro. Un testimonio de uno de los *mestres* de una sede cercana sintetizaba estos testimonios y experiencias de clase al identificar tres modalidades de aprendizaje:

> Esto me lo enseñó Juanjo Muñoz, que es profesor de Educación Física, y me dijo que hay tres formas de aprender en el deporte. Una que es visual, o sea, vos pasás y el pibe te mira. Otra que es auditiva, que el pibe te entiende mientras vos hablás. Y otra que es táctil. ("El Pela", comunicación personal, 3 de febrero de 2016)

Él resaltaba justamente que se debían aplicar las tres modalidades en conjunto para poder llegar a todos. Esto lo decía porque, según su criterio, había alumnos con distintas formas de aprender y a cada uno podía serle más útil una modalidad que la otra. Esta reflexión tan sintética y clara probablemente se deba a la interacción con un profesional de la educación física que identificaba así las modalidades de la explicación. Otro aspecto que "el Pela" resaltaba era que la explicación iba cambiando de acuerdo a cómo reaccionaban los alumnos, qué entendían y qué no, y a partir de ello se iba adaptando la forma de explicar. De esta forma, enseñar era un proceso de ajuste continuo, acumulativo por un lado pero situacional por el otro, ya que dependía de quién era el receptor de la explicación y de su forma de aprender.

El lenguaje es un punto importante a la hora de brindar una explicación oral y de alguna forma crea los elementos necesarios para poder desarmar analíticamente la técnica. En este sentido, le da un marco de referencia al alumno para poder referirse al fenómeno que trata de aprender. La ejecución de una técnica no se da siempre de la misma forma, depende de la situación en la que se encuentren los luchadores, su posición, su nivel de cansancio, el tamaño del cuerpo de cada uno, la fuerza física, la flexibilidad y el estado de ánimo de cada uno. Por tal motivo, ejecutar la técnica o reconocerla al verla implica poder al menos prestar atención a ciertos aspectos del movimiento que son claves para la ejecución. Al momento de aprender, la explicación oral, junto con la visualización de la técnica, permite crear ese marco analítico que se encarna en el lenguaje. En este sentido, al explicar, el instructor "crea los objetos del mundo" al nombrarlos. El corte arbitrario de un movimiento específico que forma parte de una secuencia continua al ser nombrado le permite al practicante ir obteniendo el vocabulario mínimo para describir el fenómeno, pero al mismo tiempo configura la forma de pensarlo. Thomas Csordas (1990: 14), con referencia a los fenómenos de "posesión demoníaca" y el fenómeno experimentado por el poseído, refería lo siguiente:

> Las personas no perciben a un demonio dentro de ellas, sienten un pensamiento, conducta o emoción particular como por fuera de su control. Es un sanador, especialista en objetivación cultural, el que usualmente "discierne" si el problema del afectado es de orden demoníaco (…).

Estos momentos de objetivación cultural son los que ocurren en el momento de la explicación oral. Al nombrar y separar el fenómeno en partes, el instructor le otorga al alumno las categorías para analizar el movimiento y, al mismo tiempo, lo introduce al "mundo cultural" del BJJ, ya que será este el lenguaje que utilizará para comunicarse y entenderse con sus pares. En este sentido, y como referimos en el primer capítulo, el instructor se establece como un "mediador cultural" entre el fenómeno y el iniciado. Su rol pedagógico es el de objetivar culturalmente el fenómeno al alumno. La importancia de las palabras al momento de describir el movimiento y referirse al cuerpo-objeto la resalta "el Pela" cuando dice: "Hay que aprender los nombres de las partes del cuerpo para poder entender". Sin este lenguaje mínimo, la comprensión parecería ser inalcanzable. Pero en este sentido el aspecto de "comprender" parecería ser exclusivamente una cuestión de racionalidad analítica, sin embargo, no es solo esto. La experiencia de la práctica del BJJ da la pauta de que al nombrar una parte del cuerpo o un movimiento particular se genera una atención y una sensibilidad particular sobre ese aspecto del fenómeno. Aquí, nuevamente la terminología propuesta por Csordas se vuelve útil.

Él define el modo somático de atención como "formas culturalmente elaboradas de atender al propio cuerpo y al entorno" (Csordas, 2002: 244).[8] Esta forma particular de atención implica una atención "con" el cuerpo y "hacia" el cuerpo, en los términos que venimos utilizando: desde el cuerpo-sujeto hacia el cuerpo-objeto. Las palabras no cumplen solamente una función referencial sino que son performáticas, al transformar la forma en la que se perciben y ejecutan los movimientos. En este sentido la palabra tampoco puede pensarse como una forma de transmisión de ideas, conceptos o estados mentales, sino más bien como una forma más de acción a distancia que permite afectar a quien la escucha y cambiar así la disposición de un cuerpo-sujeto a una situación particular.

La explicación no es solo la racionalización y la descripción analítica, sino que forma parte del proceso de transmisión de conocimiento. El explicar se produce mientras se ejecuta, se explica mientras se realiza el movimiento. No puede separarse la palabra del movimiento ya que funcionan en conjunto en el marco del fenómeno en cuestión.

Comprender esto fue un paso muy importante en el trabajo de campo y tomó bastante tiempo. Durante mucho tiempo, mis intentos de ejecutar los movimientos siguiendo las descripciones que instructores y compañeros me daban, o incluso leyéndolas en libros, resultaron en fracaso. La idea de separar las palabras del movimiento a la hora de analizar las experiencias de campo era una prejuicio propio de mi mirada como investigador que, en el contacto prolongado con el campo, finalmente quedó en evidencia. El problema era que trataba de "entender", en el sentido de obtener una comprensión racional, como algo previo al poder ejecutar el movimiento. El lento progreso por esta vía me llevó a reflexionar más profundamente en lo que suponía que era el rol de la explicación y me permitió poner en cuestión el supuesto de que las palabras son un fenómeno mental. Este supuesto subyace detrás de la concepción cartesiana que se tiene sobre cuerpo y mente y es un problema importante a la hora de estudiar el movimiento (Carozzi, 2012: 23).

Cuando un instructor demuestra sobre el cuerpo de alguien mientras explica a una audiencia, quienes intentan aprender están realizando un proceso mimético que no puede ser solamente entendido desde la copia "visual" o desde la explicación únicamente verbal. En la mimesis de la técnica pasan varias cosas: por un lado, como menciona Gadamer (1977:

[8] Traducción del autor.

158), imitar implica un reconocer algo sobre lo que se está copiando, algo que ya se tiene. Imitar es poner en relación eso que se está observando con lo que uno sabe, con lo que se lleva encima. Sin ese reconocerlo en algo, la completa extrañeza hace imposible la imitación. Como en la concepción de la hermenéutica presentada por el mismo autor, conocemos a partir desde nuestra posición y nuestra tradición. En mi experiencia en el campo, durante el proceso de copia yo asociaba los movimientos a mis conocimientos previos de otras artes marciales. Más aún, en las descripciones verbales siempre se hace referencia a algún movimiento físico más fácil de reconocer para establecer la comparación. Por ejemplo, al explicar la técnica de "omoplata", que es una palanca que se realiza sobre el hombro del contrincante usando las piernas, varios instructores refieren en el momento final de la técnica que se debe "acercar la cabeza a la oreja del contrincante como si le fueras a decir algo". Otro ejemplo es cuando se explica el escape de caderas, que sirve para varias técnicas, donde uno aleja las caderas del contrincante impulsándose con las piernas y llevando las manos hacia adelante: se compara con el movimiento de un camarón en el agua. Es la experiencia previa y la función de "mediador cultural" del instructor en su explicación la que permite obtener puntos de anclaje para captar la técnica.

Por otro lado, uno no solo aprende desde su experiencia sino que también lo hace desde su propio cuerpo, tiene que ajustar la ejecución a sus capacidades y características físicas.[9] La técnica no se aprende exactamente igual a la original, las formas de ejecutarla son individualizadas, a veces descripta como "más correcta", "más rústica", "más fluida", "más relajada", "con más fuerza", o algún tipo de calificativo que refiera a la corporalidad del ejecutante, que diferencia e individualiza la forma en que se ejecuta la técnica respecto de otros. Copiar los movimientos involucra fuertemente la propiocepción, es decir la capacidad de percibir la posición relativa de las partes del propio cuerpo y el esfuerzo necesario para ejecutar el movimiento. De esta forma, en el proceso mimético hay un conocer situado desde un cuerpo-sujeto particular con un conjunto de experiencias previas mediado culturalmente por alguien que no solo da los parámetros simbólicos necesarios, desde la descripción verbal, sino que demuestra de una forma específica el movimiento por aprender. El proceso mimético entonces no puede ser pensado únicamente como el

---

[9] Los practicantes hablan de diferentes "biotipos".

acto de aprender un movimiento solo observando su ejecución. El aspecto visual no es el único que juega en dicho proceso, hay un conocimiento previo, un contexto, un objetivo y una guía que intervienen y hacen posible el aprendizaje. Giacomo Rizzolatti[10] afirma que "la imitación está compuesta de dos fenómenos cognitivos estrictamente relacionados. El primero es la capacidad de encontrar sentido a las acciones de otros. El segundo es la capacidad, cuando la acción ya fue comprendida, de replicarla" (Rizzolatti, 2005: 2). En el aprender estos dos fenómenos son inseparables. La imitación implica dos partes, el que trata de transmitir desde su cuerpo-sujeto y aquel que imita, que trata de realizar las acciones con su propio cuerpo-sujeto. Esta descripción podría pensarse desde una forma más objetivada, es decir, considerando dos "cuerpos", en un sentido separado de una "mente", pero esto dejaría por fuera todos los aspectos del fenómeno que hacen al encontrar sentido en las acciones del otro y al mismo tiempo replicarla sobre la percepción del propio cuerpo. En este sentido, el instructor utiliza su cuerpo y el del alumno –con quien demuestra la técnica– como si fueran cuerpos en movimiento o cuerpos que se manipulan y sus descripciones refieren al cuerpo como algo separado. Sin embargo, esto responde a la dimensión performática, el uso del cuerpo propio y de otro como objeto, con la finalidad de afectar otro. De esta forma, la explicación y la demostración implican cuerpos-objetos que son usados pedagógicamente y son visualizados como tales por el espectador. La objetivación cumple la finalidad de afectar al otro, de transformarlo. Pensar en "cuerpos" que se mueven y considerar la explicación oral solo como referencia a estos es limitar la descripción de este aspecto, dejando afuera el resto de los aspectos importantes considerados hasta el momento. Si reducimos el fenómeno a esto, entonces podemos considerar que el saber del BJJ es algo que puede ser transcripto textual y visualmente, y esto sería suficiente para que cualquiera pudiera ejecutarlos. La ventaja de pensar en cuerpos-sujetos que a veces se piensan como cuerpos-objetos

---

[10] Giacomo Rizzolatti es uno de los científicos que proponen la idea de las "neuronas espejo" como mecanismo neurológico detrás de la imitación. En este trabajo no está en nuestro interés discutir las características de esta teoría, pero compartimos la forma de aproximarse al fenómeno y describirlo. Quizás en este sentido podemos ver cómo en el estudio del fenómeno en todas sus dimensiones y del recorte que uno haga del mismo pueden producirse diferentes teorías y explicaciones. En este sentido, hay un importante valor del conocimiento antropológico de los fenómenos para poder enriquecer las miradas de otras disciplinas científicas.

es que todos estos aspectos quedan incluidos y nos permite hablar del fenómeno sin perder aristas del mismo.

"Copiar" una técnica, ver un video o escuchar una explicación sobre esta y posteriormente ejecutarla es en sí un proceso de comprensión en términos gadamerianos. Que algo pueda ser enunciado, fotografiado o mostrado implica algo similar a la escritura de un texto, en el siguiente sentido: hay una abstracción de los movimientos con respecto al momento de ejecución y a los cuerpos que la ejecutan. Quien trate de aprender deberá poner su cuerpo y el de otro en movimiento para poder ejecutar la técnica. Ese poner en movimiento que es referenciarlo en sus propias posibilidades motrices implica que hay una mediación entre maestro y aprendiz, o, en el caso de un video, entre la inscripción audiovisual y el espectador. El resultado no es la misma técnica, es un acuerdo con lo observado, con lo que el ejecutor trata de transmitir como abstracción, es algo nuevo. Interiorizar una técnica es poner algo con las palabras propias del "lenguaje corporal". El proceso de mimesis es interpretación y la posibilidad de ejecutar la técnica es la comprensión realizada a través de esa interpretación.

Ya vimos que para entender una lucha había que tener un conocimiento previo de BJJ, en particular de sus movimientos. Quizás podríamos usar la analogía lingüística y entender que los movimientos básicos del arte marcial conforman el abecedario, el sistema de signos base para dominar la lengua, que es la condición previa necesaria para el comprender. Y, por otro lado, quien aprende el arte tiene en mente una aplicación específica que dirige la comprensión. En otras palabras, se necesita de un "lenguaje" que el cuerpo-sujeto hable, interprete, proponga al "interlocutor" (su oponente), y que este responda en consecuencia.

Pero, ¿qué es este "lenguaje corporal"? ¿Cómo se pone en relación lo que se ve con la propia percepción del cuerpo? ¿Cómo se incorporan los "movimientos básicos"? ¿Alcanzan la imitación y la explicación? "El Pela" había mencionado una tercera modalidad explicativa: ejecutar la técnica sobre el cuerpo del participante. En este sentido, el "sentir" la técnica sobre la propia corporalidad brinda una dimensión extra al proceso de aprendizaje. "Sentir" implica darle al cuerpo-sujeto ese "lenguaje corporal", poner en relación lo visto y escuchado con la propia percepción del cuerpo. Si bien no ocurre que el instructor demuestre la técnica con cada alumno, en la práctica esa interacción se da con compañeros que ya la han experimentado. Hegoveen, en su trabajo sobre el BJJ, menciona lo siguiente:

> Estar con, tocar a este experto y sentir el comportamiento de su cuerpo mientras realizaba la técnica agregaba dimensiones centrales ausentes de la representación bidimensional. Nuestra competencia posterior se derivó de la inmediata interrelación de los cuerpos en contacto. (Hegoveen y Hardes, 2014)[11]

De esta forma, el grupo adquiere la capacidad de ejecutar mejor una técnica a partir del contacto directo con alguien que la domine correctamente. Más adelante retomaremos este aspecto colectivo de la práctica, por el momento es importante resaltar este aspecto del contacto entre los cuerpos. El tacto se vuelve esencial para el aprendizaje. No alcanza representarse "mentalmente" el movimiento por realizar, ni "proyectarlo" sobre la propia corporalidad. Hay que "sentirlo", entrar en contacto para que este tenga sentido pleno y se pueda aprender. El tema de la representación del fenómeno introduce nuevamente una mirada dualista a la explicación. ¿Uno puede "ver" la técnica, representarla y así aprenderla? ¿O es en el momento de ponerla en práctica que uno la aprende? El fenómeno de ver un video y luego ejecutar la técnica parece no alcanzar.

El tocar tiene una doble dimensión, afecta y es afectado, tocar es ser tocado. De esta forma es en el contacto directo donde uno es afectado directamente por el otro (*mestre* o compañero) y al mismo tiempo este percibe la reacción que uno tiene y ajusta su movimiento en consecuencia. Hay un ida y vuelta inmediato en el contacto corporal que no se da de la misma manera con la vista y el relato oral. Pablo Maurette (Maurette, 2015: 58) retoma el concepto de "háptico" para referirse a la relación que existe entre el tacto y la vista. En esta línea de pensamiento, que el autor rastrea a lo largo de la historia, ambos sentidos no son independientes sino convergentes, hay una cierta sinestesia entre ambos. Maurette propone que si podemos anticipar la sensación de una textura antes de tocar algo con solo verlo es porque hemos recolectado experiencias previas a partir del tacto. La imitación de una técnica tiene algo de esto: el "lenguaje corporal" que usamos para interiorizar y apropiarnos de los movimientos sale de esas experiencias previas, de esos movimientos básicos. Y estas experiencias previas no se dieron solamente por una experiencia perceptiva, sino que

---

[11] Traducción del autor.

se dan mediadas por otro que nos dirige a percibir el fenómeno de una forma particular. El proceso de imitación puede tomar cierta distancia del contacto físico con base en la acumulación de experiencias previas, pero nunca se puede separar completamente. A medida que los practicantes se vuelven más experimentados, pueden imitar mejor aquello que ven en internet o en videos y revistas, pero justamente lo que han tenido que hacer es aprender a imitar. Y no a realizar una mimesis genérica, sino a imitar dentro del arte del BJJ, lo cual requiere una forma particular de atención somática y una conceptualización de los fenómenos dada por la mediación cultural de quien enseña. Pero por más fácil que le resulte a un experto copiar una técnica, el aprendizaje final se da en su ejecución, en su puesta en práctica con otro. Es por esta razón que la dinámica de las clases donde había muchos "graduados" implicaba más la práctica de técnicas traídas de internet que con los principiantes. Cuando algunos entrevistados, en particular los que tenían más años de práctica, referían que el BJJ "se aprende en el tatami", no estaban en contradicción con la idea del aprendizaje mediado por internet. Aprender algo es haberlo ejecutado en el tatami y, más que nada, lograr interiorizarlo de tal manera que permita aplicarlo en el momento de la lucha.[12]

Si retomamos la noción de "fusión de horizontes" gadameriana, podemos afirmar que aprender es un encuentro entre un cuerpo-sujeto que intenta enseñar algo y otro que intenta aprenderlo. Lo que en apariencia ocurre es una "transmisión" de conocimientos, sin embargo, todo el proceso hasta aquí discutido involucra un trabajo activo por parte del receptor, una interpretación y un transformar la ejecución del movimiento a su propio cuerpo-sujeto. Por otro lado, quien enseña presenta las explicaciones pero no garantiza que las mismas produzcan resultados mecánicamente. "El Perro" mencionaba que lo que intentaba era poner al aprendiz en la misma situación en la que él se encontraba al momento de aprender. "El Pela" ofrecía diferentes modalidades explicativas, sabiendo que no todos iban a hacer uso de estas de igual forma. De esta manera el instructor presenta una escenografía, un entorno, una situación particular, con la esperanza de que el aprendiz pueda reconstruir el conocimiento. La transmisión no es un proceso de pasaje de un saber de un individuo

---

[12] Hegoveen (2014) relata en su trabajo la frustración de un grupo de practicantes que intentaron dominar las MMA con base en la práctica de lo que veían en videos, revistas e internet. Luego de haber entrado en contacto con alguien con dominio del arte es que pudieron encontrar utilidad a todo lo visto previamente.

a otro, sino una recreación del conocimiento asistida por un mediador cultural, en este caso el *mestre*. Esto mismo es lo que afirma Tim Ingold cuando habla de que "el desarrollo del conocimiento práctico en la historia vital de una persona no es el resultado de la transmisión de información, sino de un redescubrimiento guiado". Anteriormente mencionamos algo similar cuando nos referimos a que el *mestre* guiaba o formaba modos somáticos de atención específicos al dar la explicación; en este caso generalizamos aún más. El *mestre* no solo guía la atención somática sino que recrea un entorno particular para que cierto reconocimiento se recree, "no hay transmisión de información sino un redescubrimiento guiado". A este proceso de enseñanza es a lo que Ingold, citando a James Gibson, refiere como "educación de la atención" (Ingold, 2008: 21).

Hasta aquí hemos discutido el proceso en el cual el instructor enseña la técnica, sin embargo, como ya mencionamos antes, aprender implica ejecutar, y esto depende de la interacción con otro. Discutiremos ahora cómo los aprendices practican las técnicas y la importancia del rol del otro y el conjunto de practicantes para el aprendizaje.

La práctica

Con sus explicaciones y sus demostraciones miméticas, y sobre el cuerpo del aprendiz, el *mestre* no solo pretende "educar la atención" de este: todo el dispositivo pedagógico apunta también a crear una actitud particular por parte del practicante. No es solo atender, percibir o sentir, sino que lo que se espera es un "hacer". De esta forma, como ya se mencionó, la práctica se enfoca a lograr un objetivo específico que, para ser alcanzado, requiere no solo que el alumno realice los movimientos mecánicamente orientados a un fin, sino que asuma una actitud que involucra aspectos físicos, emocionales y predisposiciones mentales. Todo esto se debe poner en juego en la práctica paulatinamente hasta lograr la capacidad de aplicar la técnica en la lucha. Sin embargo, todo esto no se puede practicar en el vacío, requiere de una situación para ser aplicada y esto siempre depende de que haya un otro con quien ponerla en práctica.

Si bien hay ejercicios que permiten desarrollar ciertas habilidades en solitario, la práctica del BJJ es esencialmente grupal, y las técnicas se ejecutan en pareja. El rol del otro es muy diverso: en ciertos momentos de la práctica se dice que el compañero "presta el cuerpo para que uno pueda trabajar". En este sentido, el otro asume un rol en apariencia pasivo, no ofrece resistencia y deja que el practicante manipule su cuerpo. Pero esta pasividad resulta no ser tal cuando uno experimenta los ejercicios. En mis primeros momentos de práctica, me tocó asumir el rol de "prestar el cuerpo" a un alumno para que él ejecute la técnica. Mi reacción inicial fue quedarme quieto, como inerte, para no ofrecer resistencia. Fue entonces cuando mi compañero comenzó a darme instrucciones de cómo tenía que poner mis manos, mis piernas, qué tanta fuerza debía hacer y qué movimientos debía ejecutar para hacer posible la práctica. Incluso, mientras practicábamos, "el Perro" se detuvo al lado de nosotros y me solicitó que "lo ayudara a mi compañero" y que no "me resistiera". La pasividad de quien "presta el cuerpo" no es solamente el cuerpo-objeto presentado al practicante para que haga uso de él, sino que requiere de un aspecto actitudinal, una asistencia que involucra disposiciones, actitudes, movimientos e intenciones. Si en el "prestar" el cuerpo estos elementos están ausentes, se juzga que el compañero se está resistiendo. De esta forma, la interacción con el otro no se da nunca solo con su cuerpo, sino con otro cuerpo-sujeto que opera para asistir al practicante a adquirir sus habilidades. Claramente, a medida que se gana experiencia en la ejecución de los ejercicios y las técnicas, uno se vuelve cada vez más hábil en "prestar el cuerpo" y le permite, en términos de los practicantes, "trabajar mejor" al compañero. En esto no podemos dejar de notar una analogía con el trabajo de Julia Carozzi (2009) sobre el rol de la mujer en el baile del tango.[13] En este caso, en estos primeros momentos del aprendizaje, como en el baile, el trabajo no es antagónico sino cooperativo. "Prestar el cuerpo" no es un acto pasivo, es una habilidad que se aprende sin embargo discursivamente, se presenta como si no implicara participación activa por parte de quien asiste. Hay una objetivación del otro, pero no solo como un cuerpo-objeto, sino como parte de la situación de práctica. Lo que el asistente debe hacer es presentarle a quien practica la situación ideal de aplicación de la técnica. Este rol requiere de un cuerpo-sujeto que activamente trabaje para este fin, de esta forma, el otro no es solo cuerpo-objeto sino que es el entorno, la situación en el cual se practica.

[13] En ese trabajo Carozzi (2009: 133) muestra cómo el rol de la mujer se presenta como pasivo en el baile. El hombre es quien "lleva" a la mujer, esta solo tiene que dejarse llevar. Sin embargo, el "no saber" bailar de la mujer es justamente algo que se entrena de forma indirecta. "La atención es dirigida discursiva y cinéticamente por los profesores al 'saber llevar' o al 'saber marcar' del varón y nunca al conocimiento que las mujeres deben adquirir para 'seguirlo', es decir, responder adecuadamente a sus movimientos".

Pero a diferencia del baile, el BJJ no aspira a lograr un movimiento con la cooperación del otro, no es un trabajo "con" el otro, sino un trabajo "contra" el otro: este es el sentido que tiene la "orientación al combate" mencionada en el primer capítulo. De esta forma, la ejecución de una técnica requiere que el otro ofrezca resistencia. "Prestar el cuerpo" es resistirse de forma tal que el otro pueda ejecutar la técnica, pero sin frustrarla. A medida que los practicantes obtienen pericia en una técnica, se requiere que paulatinamente puedan ejecutarla frente a una mayor resistencia. Es en este sentido que la práctica de a dos es esencial para poder adquirir las habilidades técnicas del BJJ. Al poner en práctica la técnica es que uno pone en movimiento la atención entrenada. En los primeros momentos de la práctica, frente al rival cooperativo, hay un gran elemento de racionalidad en los movimientos. Hay que considerar dónde están las diferentes partes de su cuerpo, qué movimiento viene primero, qué se intenta lograr, etc. Sin embargo, con las sucesivas repeticiones, el pensamiento racional va dejando paso a cierta automatización en los movimientos, o cierta ejecución no consciente. La automatización no es solo la capacidad de ejecutar un movimiento sino que implica una capacidad de reconocer un cuándo y un dónde ejecutarlo. De esta forma, practicar no es adquirir movimientos mecánicos sino la habilidad de reaccionar de determinada forma a situaciones particulares. Nuevamente en este punto la idea del cuerpo-objeto, tanto el propio como el ajeno, no está ausente. El otro, en cuanto cuerpo-objeto, es parte del entorno necesario para poder desarrollar la técnica, está objetivado como parte de algo, la situación de práctica. Al mismo tiempo, en la ejecución del movimiento, también hay una objetivación del propio cuerpo. Hay un componente mecánico que se da en el pensar la secuencia de ejecución de movimientos, pero esto es solo un aspecto que, a medida que el ejercicio progresa, va teniendo menos peso. Nuevamente podríamos explicar esto afirmando que primero ocurre una "automatización" de los movimientos y luego se procede a "pensar" más sobre la técnica. En esta descripción hay dos fenómenos separados que se dan en uno más complejo, que es el aprender. Pero esta descripción ignora el hecho de que mientras nos concentramos en el aspecto "corporal", nuestro cuerpo-objeto, estamos siendo afectados como cuerpo-sujeto. Hay una afectación transformadora donde se mezclan sensaciones, intenciones que se ponen al movimiento, percepciones de la situación y del otro que se ordenan y ponen en relación con experiencias anteriores y con los objetivos de la técnica. No hay dos partes de un fenómeno mayor, sino dos aspectos que cambian en su foco e intensidad pero siempre están presentes. "Pensar" la técnica es concentrarse en objetivos, intenciones e incluso pensarse como cuerpo-objeto al que hay que guiar, pero, al mismo tiempo, implica un continuo de percepción del entorno y del otro con el que se interactúa que afecta lo que se hace en cada momento. "Pensar" no es poner "racionalmente" algo para tomar una decisión, la separación analítica no entra en juego, pensar es pensar desde el cuerpo-sujeto como un todo. Las categorías de cuerpo-objeto y cuerpo-sujeto nos permiten describir los aspectos duales del mismo fenómeno. Los movimientos que uno hace sobre el cuerpo del otro y el propio como objetos no son solo eso, hay un componente de transformación de sí mismo y en el otro. Existen ciertos tipos de ejercicios o *drills* en los cuales ambos participantes "prestan el cuerpo" al otro. Estos ejercicios involucran una secuencia de técnicas y contratécnicas encadenadas. En estos casos un participante ejecuta, por ejemplo, un ataque, y el otro se defiende, lo cual lleva a una nueva reacción por parte del primero. El ejercicio ejecutado como un encadenamiento de técnicas se practica una y otra vez, de forma "mecánica". Sin embargo, esta repetición apunta justamente a transformar simultáneamente ambos cuerpos-sujetos en su totalidad, la *performance* que se lleva a cabo es un proceso de afectación recíproca. Más aún, esta *performance* es "demostrada" u ofrecida al instructor como espectador externo, lo cual lo habilita a poder corregir y guiar el proceso.

A medida que el compañero va oponiendo mayor resistencia, deja de "prestar el cuerpo" y se convierte en un rival por superar. En estos momentos uno no solo tiene que cuidar la correcta ejecución de la técnica, tener noción del propio cuerpo y comprender cuándo puede ejecutarla, sino que también tiene que aprender a entender al rival. El otro se vuelve algo a desentrañar en el momento en el que se resiste, uno debe "sentir" los movimientos del compañero y tratar de entender qué objetivos tiene. Esto no es un proceso racional consciente, hay un importante elemento de reacción adquirida, pero no puede dejar de considerarse una forma de pensamiento ya que, al sentir el movimiento del otro, se presentan numerosas alternativas para aplicar, aun dentro de una misma técnica. Es decir que hay un "diálogo" con el otro donde uno puede elegir qué "decir". Esta analogía dialéctica no es algo alejado de lo que los mismos nativos describían, por ejemplo, en un momento en el que uno de los instructores exponía la dinámica que se daba entre una técnica y su contratécnica, y afirmaba: "Acá la discusión la gana el que queda en esta posición". En esta línea, otro instructor aconsejaba que "hay que tratar de ganar la discusión de los agarres". Claramente el hecho de que entiendan la lucha y la aplicación misma de una técnica como una "discusión" refleja el carácter antagónico de la práctica y al mismo tiempo la implicancia de entender al otro. Aplicar una técnica no es un "monólogo", algo que se aplica sobre otro pasivo que solo escucha, es una "argumentación" destinada a superar los "argumentos" del otro, y para eso se requiere primero poder entenderlos. En este sentido, la analogía lingüística vuelve a resultar útil ya que es el conjunto de técnicas compartidas por quienes practican lo que permite la "discusión". Quien posee menos dominio del BJJ, una menor "competencia lingüística", pierde la discusión. Y esta analogía dialéctica también nos lleva a entender que los movimientos del BJJ no son reflejos incorporados o "automatizados", hay una racionalidad en la aplicación técnica que no es algo puramente "mental".

El aprendizaje en el BJJ no puede darse sin el otro. Hegoveen plantea que "el cuerpo" de los luchadores de BJJ se forja en la interacción de unos con otros. También considera vital el rol de los otros cuando dice: "Entrenar con otros provee la base y el telón de fondo en el cual se adquieren las habilidades. Sin embargo, si mejorar y aprender nuevas técnicas es la finalidad de la práctica, es vital la interacción con otros que sean más hábiles que nosotros".[14] (Hegoveen y Hardes, 2014: 94). Sin embargo, podemos disentir con él en dos aspectos: por un lado, no son los "cuerpos" de los luchadores los que se forjan; como ya vimos, es un proceso de formación de la totalidad del cuerpo-sujeto. Es importante esta distinción para entender que aprender BJJ es un proceso de transformación integral, separar entre un sujeto "mental" y un "cuerpo" invisibiliza la complejidad del fenómeno. Por el otro lado, en el BJJ el otro no es el "telón de fondo" sobre el cual se adquieren las habilidades, sino que es un proceso dialéctico donde el otro forma parte activamente en el aprendizaje. No se aprende solo cuando el otro "presta el cuerpo" y se presenta como parte de la situación de ejecución de una técnica, sino que es en la resistencia, en la interacción durante la "discusión" en la cual la habilidad se termina adquiriendo. Este fenómeno se manifiesta

---

[14] Traducción del autor.

plenamente en el momento de la lucha, que es la instancia final donde los conocimientos adquiridos se ponen a prueba.

La lucha

Al comienzo del capítulo dos, se presentó un breve relato que describía la experiencia de un combate en un torneo en primera persona. Si prestamos atención a la estructura del relato, parece que fuera una serie de aplicaciones técnicas donde quien lucha toma decisiones racionales en función de lo que va ocurriendo. En la sección anterior complejizamos un poco qué es lo que ocurre en la interacción con el otro y vemos que "pensar", en estas circunstancias, no puede proponerse como algo exclusivamente "mental", como un proceso consciente, ni tampoco como algo reflexivo o automático. Luchar es poner a un cuerpo-sujeto en confrontación con otro cuerpo-sujeto, un "diálogo" que implica el uso diestro de las habilidades aprendidas de manera continua e ininterrumpida. Varios practicantes retoman, tanto en el tatami como en las redes sociales, una frase atribuida a Bruce Lee que dice que para la lucha "hay que ser como el agua". La fluidez implica que cualquier "discretización" de los movimientos que uno pueda haber hecho en el proceso de aprendizaje tiene que eliminarse. La ejecución técnica, idealmente, debería ser un continuo de movimientos sin un corte apreciable. En la lucha todo pasa muy rápido, en algunos momentos las cosas se dan a una velocidad tal que es dudoso pensar que los movimientos responden a una voluntad racional si uno considera los tiempos de reacción humana. Sin embargo, para el "jiujitsero" su arte es "el ajedrez humano", algo que denota un aspecto claramente racional. Federico comentaba que cuando uno va a luchar intenta imponer su "juego" pero que uno tiene que ir viendo qué hacer, "Siempre estás pensando en lo que te están haciendo, qué agarres tiene el otro, qué tenés vos. Estás pensando todo el tiempo (…) ahí es donde tenés que usar la cabeza". Y, en contraste, "el Perro" nos decía: "En la lucha no podés pensar mucho, si te quedás pensando te ponen (…) pensar se piensa antes, cuando se arma el juego antes de luchar". Estas contradicciones se dan en muchas ocasiones en las conversaciones, muchas veces se habla de "pensar" y "usar la cabeza" y por otro lado se hace referencia a "reflejos", "movimientos automatizados", "reacciones", etc. Si consideramos todo esto en conjunto no podemos decir que hay contradicciones, tenemos que pensar que ambas descripciones refieren a diferentes aspectos de un mismo fenómeno. En este sentido, si consideramos la idea de que es el cuerpo-sujeto el que entra en juego en la lucha, y si dejamos de lado la descripción en términos de "mente" y "cuerpo", podemos describir el momento de la lucha como aquel en el cual la serie de disposiciones entrenadas, la atención somática, la percepción del propio cuerpo, la capacidad de entender al otro en función de sus movimientos, sumado a la posición particular en la que uno se encuentra en la lucha, conduce a una forma de pensamiento que no puede concebirse como racional-consciente. La "mente", los pensamientos consientes, no está ausente, las decisiones racionales tampoco: pensar en estas circunstancias las incluye pero no se agota en ellas. El pensamiento del cuerpo-sujeto no son ideas, no son secuencias discursivas que ocurren en la mente, sino que involucra la totalidad del ser. El problema es que al caracterizarlas como pensamiento les atribuimos un aspecto "mental" y la separamos del resto del cuerpo-sujeto. Esta separación está en el ojo del espectador (aunque sea uno mismo), no son parte del fenómeno.[15] La experiencia personal al momento de luchar es que uno "piensa", "pasan cosas por la cabeza", lo cual no implica que uno decida lo que hace exclusivamente por esto. En la lucha uno también siente y reacciona en función de la percepción entrenada, de la atención dirigida adquirida. De más está decir que no se puede dejar de lado el aspecto emocional, la percepción de la situación, de las propias capacidades, que están en directa relación con lo que uno "siente" en relación con el estado de las cosas. Luchar en un torneo no es emocionalmente equivalente a luchar con un compañero en el tatami: "el Perro" decía que justamente debido a la presión de la competencia uno está "al 50% de lo que puede hacer en la práctica". Para él es la experiencia la que permite acortar esa brecha. De esta forma, el pensar es algo más completo que solo el aspecto mental, involucra la percepción, la emoción, los pensamientos y un aspecto de reacción o reflejo. Todo está presente en el "pensar" de la lucha.

Pero la lucha no es solo un ponerse en oposición a otro sino que implica un objetivo compartido por ambos. Hay dos elementos que mencionamos en el primer capítulo y que entran en juego en la lucha. En primer lugar, la orientación al combate específica que tiene el BJJ. Como mencionamos anteriormente, en todas las artes marciales podría pensarse

---

[15] Esta separación puede pensarse en los términos que plantea Carozzi (2012: 32) cuando habla de la tendencia que se tiene a separar las palabras del movimiento en el estudio de la danza.

que existe un posicionamiento frente al combate: en algunas se convierte en el foco específico y en otras en algo accesorio. En el caso del BJJ de Insurgence y del PFC, como pudimos ver en los capítulos dos y tres, el foco es poder vencer al otro en combate. No hay un objetivo, como puede haberlo en el *taijiquan*, centrado en la transformación del cuerpo-sujeto, aunque esto también ocurra irremediablemente.[16] De esta forma, la modalidad adoptada al momento de luchar no era la de conseguir realizar movimientos vistosos para un espectador, lograr un estado en el propio cuerpo-sujeto o aplicar de forma precisa la técnica. El resultado que se quiere lograr es que el contrincante se rinda. Esto se configura como el objetivo común que guía la aplicación técnica y la forma en la que estas van a manifestarse. Si seguimos las transformaciones que se dieron en Insurgence, podemos ver que hubo un desplazamiento desde el ideal de "luchador" al de "competidor": esto se manifestó claramente en la forma que adoptaron las luchas. Cuando el objetivo compartido dentro del *ethos* era el de ser un combatiente eficaz en el mundo "real", el tipo de técnicas utilizadas apuntaba a lograr la sumisión del rival. Sin embargo, cuando la competencia entró en juego, aparece un sistema de puntaje que otorga puntos por lograr posiciones de dominio. Esto llevó a que los practicantes ahora no buscaran seguir la lucha hasta someter al rival. Si este probaba ofrecer demasiada resistencia, se prefería "meter puntos", es decir, lograr posiciones de dominio y conservarlas sin arriesgarse a intentar una sumisión que les hiciera perder la posición. De esta forma, los cambios en el tipo de orientación al combate llevaron a una diferente forma de luchar y a una elección de técnicas y opciones al momento de combatir.

El segundo aspecto para considerar es la regulación de la violencia. En el BJJ el objetivo, como ya mencionamos, es vencer al rival. Pero esto involucra un cierto control sobre lo que se puede hacer para lograrlo. Como ya discutimos anteriormente, luchar enojado o "a lastimar" es algo que no es legítimo en un combate. De esta forma el tipo de enfrentamiento que se produce está continuamente mediado por el objetivo y por una regulación de la aplicación de la violencia que hace que la lucha tome una forma específica y no otra. Aun en los combates en torneos, donde no se busca "cuidar al compañero" de práctica, hay límites para lo que se puede hacer y lo que no. En esos casos, los reglamentos tratan de formalizar las

---

[16] Para una referencia sobre el rol de las prácticas en el *taijiquan* se puede consultar Bizerril (2015) y Frank (2006).

conductas aceptables, sin embargo los practicantes distinguen en esos casos quiénes salen a luchar "mala onda" o con "mala leche" de quienes consideran que son "buenos deportistas".

Las técnicas, que finalmente se terminan de aprender luchando, y la modalidad que adquiere la lucha, que no es más que la forma en la que se relacionan dos practicantes en el tatami a través del BJJ, son parte también del dispositivo de aprendizaje.

La transformación del rol en el campo

Al promediarse casi cuatro años de mi estadía en el PFC, "el Perro" me planteó la necesidad de que yo abriera un espacio de práctica. Por intermedio de una serie de conocidos había llegado a él la noticia de que un gimnasio importante cerca de mi localidad de residencia requería profesores de BJJ. Esta situación se presentaba en un momento álgido de la expansión de la academia luego de la fusión Insurgence-Novo Mundo. El nuevo escenario me presentó ciertas dudas: ¿sería capaz de poder "transmitir" el conocimiento propio del BJJ junto con las normas, valores y tradiciones sobre las que estaba trabajando como investigador? Mi rol ahora debía ser el de instructor, lo cual implicaba que para los nuevos alumnos yo era aquel "mediador cultural" que los introducía al BJJ, pero el proceso de reflexividad propio del trabajo de campo me impedía ser nativo. Mi forma de incorporar el BJJ no fue la de un practicante normal sino la de un investigador, mediada por un proceso de reflexividad, de distanciamiento y de reflexión diferente. Claramente mi perspectiva del fenómeno iba a condicionar mi forma de enseñar. Sin embargo a "el Perro" esto no parecía importarle, él estaba al tanto de mi proyecto de investigación, habíamos tenido más de una entrevista y en más de una ocasión, en conversaciones en el PFC, él me había interpelado como antropólogo para apoyar sus argumentos frente a terceros. El campo me estaba posicionando en un rol particular y mi condición de investigador no representaba un conflicto para ellos. Desde la perspectiva del trabajo de campo este evento también resultaba de mucho interés. Me permitiría ponerme ahora desde otra posición para reflexionar sobre los fenómenos que venía estudiando. Enseñar me permitiría experimentar el proceso de hacer que alguien aprenda una nueva habilidad y poner a prueba varias de mis reflexiones. Esto ponía un límite también al tipo de experiencia, no iba a ser un nativo dando clases, iba a ser un antropólogo explicándole a un iniciado cómo practicar BJJ. En este sentido había una tensión entre mi posición de investigador y mi rol de instructor, sin embargo, siguiendo a Valeria Hernández y Gerard Althabe, "estas dos lógicas [que] producen tensiones marcan una contradicción infranqueable. Es necesario permanecer en esta tensión, la contradicción no resuelta es la vía a través de la cual se puede elaborar el sentido antropológico" (Hernández, Hidalgo, y Stagnaro, 2005: 84). Desde la perspectiva de la producción de conocimiento, esta situación se presentaba como una oportunidad interesante, potenciada aún más por el hecho de que era el mismo campo el que me estaba reposicionando en este nuevo rol, y este era un dato significativo. Para "el Perro", todas mis reflexiones sobre la práctica y mi rol como investigador no afectaban en lo más mínimo la posibilidad de enseñar BJJ. Era como si el trabajo que había realizado sobre mi cuerpo-sujeto fuese independiente, a sus ojos, de cualquier racionalización o ideas que yo tuviera. Si bien yo no le manifesté todas estas inquietudes, al percibir mi nerviosismo al respecto él me tranquilizó diciendo: "¡Tranquilo! Si enseñás como aprendiste acá no vas a tener problemas".

No está dentro del alcance de este trabajo relatar el proceso de creación de una sede ni la serie de transformaciones que se dieron en mi posición en el campo a partir de ese evento. Sin embargo, considero importante mencionar algunos aspectos que hacen al aprendizaje del BJJ y que se encuentran en relación con lo discutido en este capítulo.

Todos los cuerpos el cuerpo

El BJJ se práctica de a dos y la lucha se realiza en parejas, pero el aprendizaje de este se produce enmarcado dentro de una comunidad de practicantes. Como menciona Hegoveen:

> Comenzamos con una simple premisa: "no hay presencia pura del luchador". No se materializan fuera del vacío. En cambio, los luchadores se forjan en conexión con otros expertos que imparten lecciones marciales transmitidas a ellos. Hasta cierto punto, las relaciones entre cuerpos y fantasmas siempre condicionan las artes marciales. (Hogeveen y Hardes, 2014: 90)[17]

La comunidad de practicantes está enmarcada a su vez dentro de una institución y con una construcción tradicional particular. Al relatar las

---

[17] Traducción del autor.

prácticas y las luchas vimos cómo es en las interacciones entre pares donde la técnica se incorpora o encarna en los practicantes. Este hecho permite que sea aplicada en circunstancias muy diversas que pueden diferir mucho de aquellas en las que fue aprendida. Es en la multiplicidad de interacciones donde se hace la técnica en el practicante. Los ejercicios, los *drills*, las modalidades de práctica en las clases y la relación pedagógica que se forma entre el *mestre* y los alumnos se nutren de la tradición y de los ideales propios de la disciplina. La construcción tradicional que crea sus héroes míticos y sus modelos a seguir influyen en la actitud que van a tener los practicantes en el tatami y cómo van a relacionarse unos con otros. Esta construcción tradicional impone modelos de conducta, pero también permite mantener un cuerpo de prácticas estables asociadas al arte marcial y que se enseñan en las distintas generaciones. Como mencionamos en apartados anteriores, no es una "transmisión" de conocimientos sino una recreación de saberes, los cuales emergen en un entorno de práctica que permite su "renacimiento". Este entorno está dado por la tradición, la institución y la comunidad de practicantes y es el *mestre* el encargado no solo de introducir al aprendiz en ese mundo particular, sino que es él, al mismo tiempo, quien se encarga de conservar cierto equilibrio y continuidad con el pasado. El entorno y el PFC y su relación con la academia, sumado a la guía de "el Perro" como mediador cultural, es lo que permite la experiencia del aprendizaje. En términos de "el Perro", pudimos ver cómo intentaba replicar la experiencia de su propio aprendizaje, hacer que se sientan como él se sintió en el momento de aprender. Son los cuerpos de los compañeros y los "fantasmas" del pasado, que menciona Hogeveen, los que permiten la alquimia del aprendizaje.

Cada espacio de práctica adquiere ciertas características propias, y sus practicantes también. En más de una ocasión, en conversaciones con "el Perro" y otros instructores, aparecieron comentarios como "Se nota que sos alumno de X" o "Esa técnica te la pasó Y". La forma en que cada individuo se apropia del arte depende del entorno en el que aprende. El BJJ se encarna colectivamente en la comunidad, conforma un cuerpo colectivo, y es gracias al colectivo que es posible el aprendizaje. Sin la interacción no hay aprendizaje y es en ese colectivo donde se encarnan los saberes. El BJJ vivía en el cuerpo colectivo del PFC, y fue ese BJJ el que yo experimenté. Esta misma comunidad comparte cierta identidad propia reforzada por símbolos como parches y banderas, con manifestaciones en redes sociales y modalidades rituales propias, como el "túnel", que refuerzan los vínculos entre los miembros y le dan un carácter emocional particular a este cuerpo colectivo. En este sentido, al describir la categoría de comunidad en el primer capítulo, nos referimos a la idea de "comunidad moral" que Durkheim introducía; sumamos ahora la idea de que la comunidad no es solo moral sino que también incluye una serie de prácticas "físicas" o "técnicas corporales",[18] que están encarnadas en el grupo. Hogeveen expresa también esto cuando afirma:

> Los cuerpos de los luchadores se forjan a través del tacto en el espacio íntimo y en relación con otros cuerpos (Hogeveen, 2013). No hay ningún significado en el BJJ que no sea compartido entre otros cuerpos. Más concretamente, no hay BJJ sin una pluralidad de individuos –cercanos y distantes– entrelazados juntos con un fin común. (Hogeveen y Hardes, 2014: 94)[19]

Si pensamos en esta metáfora del cuerpo colectivo y recordamos la referencia a la infección micótica que hicimos en el capítulo dos, podemos afirmar que incluso este cuerpo puede enfermarse. Pero veamos cómo funciona esta idea del colectivo cuando la ponemos en relación con el fenómeno del aprendizaje de técnicas por internet que mencionamos en varias secciones de este trabajo. Como relatamos en el capítulo tres, los practicantes consultaban videos de internet buscando técnicas nuevas. En este contexto nos preguntamos: ¿por qué no podían realizar su aprendizaje entonces por este medio, prescindiendo de la intervención del *mestre*? "El Pela" nos contó que, antes de empezar a entrenar en la academia Insurgence, él se juntaba con un grupo de amigos y veían videos de los que luego intentaban sacar técnicas. Sin embargo, cuando finalmente se sumó a la academia, él contaba que todos los practicantes con los que se enfrentó tenían más nivel que él, incluso con solo meses de práctica. Una experiencia similar es la que relatan Hogeveen y Hardes al respecto de un grupo de practicantes de MMA (Hogeveen y Hardes, 2014). A lo largo de este capítulo, hemos brindado las ideas básicas de por qué esta

---

[18] En el sentido que le da Marcel Mauss (1971: 337). Sin embargo, hay que tomar en cuenta la salvedad que introdujimos en este trabajo de que no son técnicas "del cuerpo" sino que son las que permiten el trabajo sobre cuerpos-sujetos y su transformación. No hay que pensarlas de forma utilitaria como técnicas que "usan" un cuerpo, sino como técnicas que conforman parte del proceso donde los cuerpos-sujetos de los practicantes toman forma.

[19] Traducción del autor.

transferencia no es posible: la comunidad, la institución y el *mestre* como mediador cultural. El aprendizaje no puede darse en el vacío y depender únicamente de un proceso mimético y una explicación oral o textual, requiere de un contexto, de un entorno para que el conocimiento sea viable. Si ese entorno no existe, debe ser construido, y las técnicas tendrán el "sabor" propio de ese entorno.[20]

Hasta aquí, podemos pensar que, una vez que los practicantes adquieren cierto nivel de pericia e interiorización del BJJ, pueden independizarse de instructores y de una comunidad en particular. El campo indicaba otra cosa. Una técnica de internet es estudiada cuidadosamente por el practicante, aun por el experto, el cual mira las secuencias muchas veces, desarma analíticamente el movimiento, reflexiona sobre lo que ocurre en esta y sobre todo se imagina a sí mismo ejecutándola. Sin embargo, en todos los casos que surgieron en las entrevistas y en la estadía en el campo, esto no era suficiente. Al traer la técnica al tatami, aun recordándola de memoria, el practicante requería de alguien que le "prestara el cuerpo" para poder probarla y ver si era posible ejecutarla. En muchas ocasiones los practicantes trajeron técnicas estudiadas que les habían parecido interesantes, y luego de probarlas las descartaban porque "no servían" o eran "muy fantasmas". La experiencia directa era necesaria, el contacto con otro cuerpo-sujeto, y no con cualquiera, sino con un cuerpo-sujeto entrenado que pudiera oponer la resistencia necesaria para demostrar si la técnica era efectiva o no. Otras tantas veces lo que ocurría era que durante estas pruebas surgían dudas sobre la finalidad para la que se realizaban los movimientos o la modalidad de realizarlos. Muchas veces, en este debate sobre la eficacia de la técnica o sobre cómo realizar el movimiento, los mismos practicantes modificaban lo que habían visto en los videos y ajustaban la técnica de la forma que consideraban mejor. Así, lo que en realidad ocurría era que la técnica no se aprendía individualmente sino que había una apropiación colectiva de ella. Era el cuerpo colectivo el que tomaba la técnica y se la apropiaba de una forma particular y en función de sus características propias.

[20] En un trabajo anterior, relaté la experiencia de un grupo de practicantes que aprendieron un arte marcial, el combate medieval histórico, por medio de videos y manuales del siglo XV. Sin embargo, esa reconstrucción implicó previamente la conformación de un grupo de practicantes y la experiencia traída de otras disciplinas. Y también ellos sufrieron un gran impacto las primeras veces que enfrentaron a grupos que venían practicando esto desde hacía tiempo (Buccellato, 2015).

La metáfora del cuerpo colectivo ayuda a entender la importancia del núcleo de práctica y su relación con las dimensiones analíticas consideradas pero, como toda metáfora, tiene sus límites. El BJJ del PFC no estaba cerrado sobre sí mismo, los practicantes activamente visitaban otras sedes y otras academias, buscando enfrentarse a diferentes cuerpos-sujetos. Al mismo tiempo los torneos también permitían tener interacciones exogámicas con otros grupos. Sin embargo, cada técnica que los practicantes traían de afuera, cada estilo de lucha que les parecía interesante era apropiado en este proceso colectivo, y nunca individualmente.

Del hacer al explicar

Durante el tiempo que estuve en el PFC, los sábados había un profesor de judo que daba clases para complementar el BJJ con algunos lances y derribos. Él había sido competidor de la selección nacional de judo y le encantaba competir. En un momento de descanso, mientras estábamos sentados, le pregunté cómo era una técnica particular, a lo que contestó: "Yo no sé explicar, yo sé luchar, yo te muestro cómo es, no me pidas que te lo explique". Este era exactamente el problema con el que me encontré cuando tuve que dar mi primera clase de BJJ. Yo había pasado varios años observando y registrando técnicas, analizando lo que los instructores decían y tratando de ejecutar los movimientos. Pero ahora era yo el que debía dar la explicación mientras demostraba la técnica. Mi primera reacción fue tratar de explicar los movimientos paso a paso, ¡pero entonces el problema era determinar cuáles eran los pasos! Si bien yo recordaba algunas de las explicaciones dadas, no recordaba cómo se me había explicado la técnica, aunque yo supiera ejecutarla. Para mí la técnica era un continuo de movimientos, no era sencillo fragmentarla. En mi primera clase me costó mucho enfrentar esto, yo no había considerado esto como algo relevante y el problema se presentó al momento de dar mi primera explicación. Elegí un alumno avanzado que vino a asistirme y me puse a explicar una técnica sencilla, empecé a demostrarla sobre el cuerpo de mi compañero a medida que relataba lo que hacía, me di cuenta de que al hablar yo no segmentaba en partes claras lo que estaba explicando; de esta forma, al volver a explicarla, seccionaba la técnica de forma diferente. Me tomó varios minutos poder explicar los movimientos y tuve que ejecutar la técnica sobre el cuerpo de cada uno de mis pocos alumnos para que pudieran comenzar a practicarla. La dificultad de explicar de alguna forma refiere a la complejidad que implica el movimiento, a la simultaneidad de muchas cosas, a unas emociones y disposiciones físicas que ocurren en simultáneo y son difíciles de transmitir. Lo expresado lingüísticamente no está desconectado del movimiento, pero es un intento de poner en una dimensión narrativa algo que excede esa temporalidad y al mismo tiempo involucra emociones complejas y disposiciones corporales complejas que son difíciles de transmitir (por ejemplo, el nivel de "tensión muscular", la fuerza involucrada, la actitud emocional, la percepción del otro, etc.). Mientras ellos la ejecutaban, yo los observaba y veía bastante confusión en sus miradas. Ellos no estaban copiando, estaban tratando de hacer algo similar en el cuerpo de sus compañeros, exploraban y probaban. Yo pasaba a su lado y corregía lo que veía que hacían mal, ellos ajustaban y finalmente realizaban algo parecido a lo que había mostrado. En muchos casos, yo veía que claramente algo estaba mal en lo que hacían, pero no podía decir qué era. En esos casos, me ponía con ellos y ejecutaba la técnica en sus cuerpos, ahí era que me daba cuenta de qué había fallado. A medida que la clase avanzaba, yo iba tomando confianza y me acordaba de ciertos términos clave que "el Perro" había usado para explicar la técnica y los incorporaba en la explicación. Hacia el final de la clase, y luego de haber hecho varias correcciones, decidí volver a explicar la técnica a modo de resumen. Para esa altura ya me había elaborado un discurso y tenía claro cómo separar los movimientos para que me entendieran. Cuando expliqué las cosas de esta forma, me referí a partes específicas del cuerpo y usé analogías para explicar los movimientos. Mientras explicaba, notaba cómo algunos alumnos asentían con la cabeza y parecían comprender. Al ejecutar las técnicas luego de mi segunda explicación, los alumnos lograron mayor eficacia. Para las clases siguientes me tomé el trabajo de visualizar la técnica en videos, escuchar las explicaciones que se daban y elaborar un relato coherente de los movimientos. A medida que pasaron los días, nuevos alumnos fueron llegando. Para facilitar las cosas yo ponía a los alumnos más nuevos con aquellos que ya llevaban varios días o meses practicando. De esa manera trataba de evitar tener gente ociosa mientras yo explicaba técnicas y aprovechaba que los alumnos avanzados podían explicarle a los más nuevos. Al hacer esto, escuchaba cómo las explicaciones que daban replicaban los términos y las secuencias que yo había transmitido. Pero al mismo tiempo que observaba esto, notaba cómo los mismos alumnos hacían un esfuerzo para poner en palabras lo que hacían. El acto de explicar implicó en ellos también una elaboración que no habían hecho hasta esa instancia.

Este breve *racconto* de algunas experiencias al explicar apunta a mostrar la dificultad que hay entre el hacer y el explicar. Hasta el momento que me tocó ponerme al frente de la clase, yo no había reflexionado tanto en estos aspectos. Yo había interiorizado movimientos y tenía en claro cómo hacerlos, pero no podía describirlos de forma clara. Al elaborar las explicaciones, terminé recuperando conceptos y palabras que fui recordando de las explicaciones que me fueron dadas a mí. Explicar, por otro lado, implicó un ejercicio que antes no había hecho: no era solamente armar un relato, sino tomar conciencia de lo que uno hace al ejecutar el movimiento, algo que claramente no era necesario para la ejecución. Este ejercicio le dio una dimensión diferente al saber ya incorporado, me permitió comprender desde una perspectiva diferente lo que yo hacía e incluso mejorar mi propia ejecución técnica. Poner en palabras fue parte de mi propio aprendizaje. De esta forma, las palabras, el lenguaje oral que acompaña el movimiento, no solo cumplió un rol pedagógico hacia el otro, sino que hacia mi propia persona ahora en el rol de instructor. Las palabras resultan ser parte del fenómeno de aprender y enseñar. Mis primeras explicaciones pobres, con conceptos vagos y desordenados pero con una ejecución sobre el cuerpo de otro para ser copiada y sobre el cuerpo de los mismos alumnos, lograron ciertos resultados, pero no fue sino hasta el momento en el cual yo pude ordenar el discurso que los aprendices pudieron ejecutar con mayor precisión las técnicas. ¿Cómo separar entonces el decir de lo hecho para entender el proceso de aprendizaje?

Pero no solo fueron las palabras las que me permitieron enseñar BJJ: mi rol de instructor en la clase, mi posición privilegiada desde la cual los alumnos me escuchaban como una autoridad en el tema permitía que ellos estuvieran predispuestos a aprender. Al principio me costó registrar esto. No fue sino hasta el momento que mis alumnos me llamaron *"mestre"* o incluso *"sensei"*[21] que registré este hecho. Mi capacidad de explicar, de convertirme en el mediador cultural que les daba la "ontología de los movimientos" que permitía aprender BJJ estaba garantizada por mi autoridad en el tatami. La construcción de la relación pedagógica asimétrica en la cual los alumnos me veían como un maestro y ellos aprendices era

---

[21] *"Sensei"* es el término usado por las artes marciales japonesas para referirse a quien imparte el conocimiento del arte.

algo que se coconstruyó a partir de mi forma de pararme en la clase, mi tono de voz al hablarles, el discurso que elaboraba para mis explicaciones pero, sobre todo, de las ideas que los mismos alumnos traían a las clases. El hecho de venir a aprender un "arte marcial" predisponía a los alumnos a aceptar un cierto *ethos* y una determinada relación pedagógica con el instructor. Hay un cierto conjunto de ideas asociadas a lo que es un arte marcial y se encuentran en la cultura popular alimentados por la difusión mediática: películas, series, literatura, etc.[22] La construcción del *ethos* marcial propio y la relación pedagógica no se construye en el vacío sino, en parte, sobre las ideas que traen los novicios a la hora de elegir aprender. No trataremos en este trabajo este tema, nuestro objetivo es mencionar cómo esta relación pedagógica entre el instructor y el alumno es parte necesaria del aprender. Esta relación pedagógica tampoco se construye sin la validación del saber impartido por parte de la pertenencia a la academia. El hecho de tener un cinturón de un color otorgado por una entidad superior a quien enseña es lo que permite validar el saber y al instructor. El *mestre* se convierte en este "mediador cultural" no solo por nombrar partes del fenómeno, sino por estar investido del poder para hacerlo por una institución y una relación jerárquica con el aprendiz que se sostiene por un *ethos* que le obliga a respetar al *mestre*. En el caso del BJJ en particular, donde el respeto asociado al *ethos* se relaciona con la eficacia en el combate, este rol de "mediador cultural" no se logra establecer con los alumnos hasta que no son ellos los que prueban con su propio cuerpo, o al menos como espectadores o por referencia, la capacidad de ejecutar en combate los saberes por parte del instructor.

La experiencia de enseñar me permitió ver desde otra perspectiva el proceso de aprendizaje. El cambio de rol fue vital para poder ver este mismo fenómeno de forma diferente y de esta manera pensarlo de forma más rica. Las ideas sobre lo que involucra el proceso de sentir los movimientos en el cuerpo, el problema de la mimesis y el lenguaje no fueron comprendidos tan profundamente hasta el momento de tener que enseñar. No es solo el hecho de ver en el otro lo que se experimenta con el propio cuerpo, sino que es ver en los otros a los que uno está en

---

[22] Sería interesante indagar cuál es el imaginario alrededor de las artes marciales en la cultura popular y cuál es el rol que estas desempeñan en la actualidad. No encontré trabajos al respecto en la literatura local. Sin embargo, podemos citar algunos trabajos extranjeros que pueden guiar un posible estudio en esta dirección: Bolelli (2014), Bowman (2016) y Donohue (1994).

el rol de transformar, no de espectador o desde una posición de igualdad. La relación pedagógica operó en este caso como herramienta para
el investigador.

Capítulo 5
Más allá del arte suave

El desarrollo de este libro apuntó a contestar la siguiente pregunta: ¿Cómo es el proceso de aprendizaje del BJJ? Para poder responder esto, fue necesario un largo recorrido que llevó a construir y explicitar un marco analítico para describir la historia y la cotidianeidad de una academia de BJJ y analizar el proceso de aprendizaje en dicho entorno.

Este trabajo puso en evidencia que el proceso aprendizaje involucra no solo una interacción entre maestro y aprendiz, sino todas las dimensiones contempladas dentro del marco analítico considerado en el capítulo uno. Como ya se ha dicho, esta es solo una de entre otras posibles perspectivas desde las cuales se puede abordar el campo, sin embargo, considero que este abordaje resultó muy productivo ya que, lejos de cerrar el fenómeno a una dimensión específica, permitió ver las múltiples interacciones y transformaciones del aprendizaje y observar cómo el mismo influye y es influido por el resto de los aspectos que componen el espacio de práctica del BJJ. Por sus propias características, asumir una perspectiva etnográfica impidió restringir *a priori* las características importantes del fenómeno, sino que se mantuvo una actitud abierta a lo que la experiencia en el campo fuera configurando. Al mismo tiempo, la elección de un marco analítico que encuadró la reposición etnográfica (*a posteriori*) del campo permitió brindar elementos concretos para poder explicar fenómenos propios de este, pero sin cerrar la explicación a las dimensiones analíticas consideradas, permitiendo generar preguntas que echaron luz sobre la complejidad del fenómeno. Por otro lado, la construcción teórica escogida fue elaborada no solo a partir del trabajo de campo comprendido en esta investigación, sino que involucró elementos extraídos de otros trabajos, tanto sobre el BJJ como sobre otras artes marciales. Esto permitió proponer descripciones y análisis con puntos de acceso en común a otros trabajos sobre artes marciales. En particular, este marco analítico se construyó con una estrategia *bottom-up*, partiendo de la experiencia fenoménica de los mismos actores e intentando trabajar sobre elementos comunes a los fines facilitar el diálogo con futuros estudios en el área de las artes marciales. Si, como pudimos ver a lo largo de este trabajo, el *mestre* del BJJ se presenta como un mediador cultural que le pone nombre a los fenómenos que los practicantes experimentan, podemos considerar, en este caso, que el mediador cultural frente al lector de este trabajo es quien escribe. El investigador no está ausente nunca y la mediación cultural propuesta representa un punto de acceso al fenómeno, no la última palabra sobre este.

La perspectiva utilizada para describir el proceso de aprendizaje tuvo como eje central una de las dimensiones elegidas en el marco analítico: el cuerpo-sujeto. Como se mencionó en el capítulo uno, fue justamente a través del estudio del proceso de aprendizaje del BJJ que replanteamos las categorías de "corporalidad" e "interioridad", a grandes rasgos asociables con lo "corporal" y lo "mental", y propusimos la noción de "cuerpo-sujeto". A partir de la experiencia del campo, la dualidad entre cuerpo/mente se volvió problemática para reponer el fenómeno. Notemos que en realidad, pese al uso de "cuerpo" y "mente" como categorías lingüísticas en el discurso nativo, y como categorías del sentido común para abordar el análisis, el referente de los términos eran simplemente aspectos diferentes de un mismo fenómeno. A la misma conclusión arribamos también a partir de la experiencia con nuestro propio cuerpo-sujeto y del análisis de los registros de campo de otras prácticas marciales. Fue así que elegimos la categoría "cuerpo-sujeto" como herramienta para referirnos a este fenómeno de naturaleza dual. Esta idea está claramente emparentada con el paradigma del *embodiment* sugerido por Csordas, pero con una diferencia importante. Csordas (1990: 5; 2018: 83; 2010: 87)[1] considera que el cuerpo "no es un objeto para ser estudiado en relación con la cultura, debe ser considerado como el sujeto de la cultura"; de esta forma, para este autor el cuerpo representa el "sustrato existencial de la cultura". El problema es qué significa "el cuerpo" en este contexto. Para el autor, la persona *es* su cuerpo: decir que el cuerpo es sustrato cultural es lo mismo que decir que las personas son sustrato de la cultura. Cuando presenta el concepto de "modos somáticos de atención" como una forma de prestar atención "a

---

[1] Traducción del autor.

y con el propio cuerpo", no refiere más que a la idea de que el cuerpo es pasible de ser objetivado, es el cuerpo como "cosa". De esta forma hablar del "cuerpo" es una operación objetivadora sobre sí mismo. Esto mismo es lo que llamamos el "aspecto objetivo" del cuerpo-sujeto. Mientras refiere al "cuerpo" como categoría lingüística, lleva a cabo el análisis desde una perspectiva no dualista aunque con terminología dualista. Así, si el investigador ocupa el lugar de mediador entre el fenómeno y el lector, el lenguaje que utiliza es importante, ya que predefine las categorías con las que se va a comprender el fenómeno. La categoría cuerpo-sujeto se presenta como una forma de precisar y definir la forma en la que se piensa recortar un fenómeno y darle un nombre técnico para diferenciarlo de términos que se presten a ambigüedades. Pero esta propuesta no apuntaba a ser un mero reemplazo terminológico alejado del sentido común. El objetivo fue encontrar una forma de referir al fenómeno que no enmascarara su unidad y permitiera, en oposición a una visión dualista, visibilizar los prejuicios ocultos detrás de los análisis que utilizan categorías cuerpo/mente. Esto remite al clásico problema filosófico del dualismo cartesiano.

¿Por qué ocuparnos de este problema filosófico desde la antropología? Hacer antropología no es ocuparse de un tipo de problemas específicos sino más bien una forma de mirar y relacionarse con el mundo para producir conocimiento. Y la mirada o relación que se establece con el mundo está centrada en ese encuentro con el "otro" o con "lo otro". Nuestra idea de hacer antropología sigue el pensamiento de Tim Ingold (2007: 69, 83, 90; 2017: 21): la antropología es filosofía con personas adentro, es una forma de conocer la experiencia humana en el mundo en el que estamos y, si es una forma de conocer, entonces es también una forma de ser. La filosofía es una actividad que usualmente se asocia a la reflexión, al pensar, a la racionalidad. Como la vieja antropología decimonónica, la filosofía se hace desde el sillón. La antropología, en cambio, se hace estando en el mundo. En las líneas finales de su artículo *Anthropology is not ethnography* Ingold concluye: "Podemos ser nuestros propios filósofos, pero podemos hacerlo mejor gracias a nuestro involucramiento observacional con el mundo y sus habitantes. Llamemos a esta filosofía nuestra 'antropología'".[2]

¿Cuál es la importancia de tener una visión crítica del dualismo? Porque estamos frente a una estructura de pensamiento a partir de la cual construimos nuestra identidad, y que, por tanto, consideramos como

---

[2] Traducción del autor.

relevante para nosotros mismos como individuos. Desde la perspectiva del investigador, pensar en términos dualistas es una forma de abordar el fenómeno que preconfigura la respuesta. El dualismo es en sí mismo un "prejuicio", en términos gadamerianos, profundamente enraizado en nuestra matriz cultural moderna y en el mismo uso del lenguaje. Si nosotros trazamos una separación entre el cuerpo y la mente el fenómeno del aprendizaje del BJJ podría interpretarse como una mente que comprende determinados movimientos y dirige un cuerpo pasivo, al que controla con mayor o menor pericia. "Aprender" entonces sería lograr dominar el propio cuerpo para lograr ejecutar una técnica y reconocer el momento en el que se debe ejecutar, algo que con la práctica se "automatiza" y se convierte en un "reflejo", pasando así al dominio del cuerpo. Habría entonces saberes de la mente y saberes propios del cuerpo, pero ambos serían diferentes. Obviamente esta no es la única explicación posible desde esta perspectiva, pero sintetiza varios elementos que surgen desde el sentido común e incluso desde algunos discursos nativos. Siendo el cuerpo algo pasivo, sujeto al control y a la manipulación, la mente se asocia con el aspecto racional y con la voluntad de alcanzar un propósito, el aspecto ejecutivo. El cuerpo, por otro lado, es el repositorio de todo aquello que está fuera del control de la "mente"; esto incluye las emociones y características como la coordinación, flexibilidad y fuerza. En el capítulo cuatro se puso en evidencia cómo una aproximación diferente brinda una explicación más satisfactoria en relación con la experiencia del aprendizaje del BJJ y, al mismo tiempo, permite dar cuenta de las fronteras borrosas entre "cuerpo" y "mente" en los discursos nativos. Referirnos al fenómeno de una forma diferente posibilita superar las aparentes contradicciones y ambigüedades que surgen de utilizar estas categorías dualistas. Estas contradicciones resultan aparentes porque, si bien es cierto que los practicantes utilizan las categorías de cuerpo y mente, el uso que hacen de ellas no puede entenderse de forma dualista. Al separar el discurso del movimiento, el sentido real que se quiere transmitir se pierde, se vuelve discurso vacío. Esta separación es producto de la visión dualista que piensa en "mentes que hablan y cuerpos que se mueven" (Carozzi, 2012: 33) y se supera prestando atención específicamente a la relación que existe entre palabra y movimiento.

Una explicación no dualista permite desnaturalizar ciertos conceptos ampliamente difundidos en nuestro acervo cultural. El dualismo es uno de los ejes de la modernidad: en particular, resulta necesario para producir sujetos acordes al sistema-mundo actual, sujetos dóciles y controlados, sujetos consumidores y dependientes, sujetos despojados de su último elemento de acción en el mundo material, sujetos subdivididos y encerrados dentro de su propio ser, conscientes solo de una parte de sí mismos y aislados del mundo material del que son parte. No es solo individualismo y separación del entorno, es alienación de su propio ser. Desde una perspectiva marxista, el cuerpo es concebido como herramienta y medio de producción sujeto a la racionalidad instrumental. Es manipulado científicamente, deformado, exigido, y recurre al dolor extremo para mover los límites. Es una herramienta, algo para usar, no parte de quien hace uso de él. El cuerpo "se aliena" del resto del individuo y se pone al servicio de un objetivo. Cuando consideramos las dimensiones "cuerpo-sujeto" y *"performance"* para analizar las prácticas a las que se someten los practicantes de BJJ y MMA con las dietas, las drogas y los ejercicios físicos, esta separación del cuerpo como algo ajeno al *self* resulta evidente. Esta práctica queda "reificada" a partir del uso de las categorías "cuerpo" y "mente" en la descripción del fenómeno, el lenguaje y las categorías culturalmente sedimentadas naturalizan la alienación del sujeto de su propio cuerpo. El objetivo final de esta separación artificial es renovar y poner de manifiesto la ideología del poder dominante y del sistema capitalista (Giulianotti, 2004: 22, 27).[3]

El cuerpo objetivado es algo naturalizado para el mundo moderno y aparece en muchos espacios: deportes, modelos publicitarios, productos para el cuidado personal, etc. Pero que así se presente no se encuentra en contradicción con la crítica al dualismo. El cuerpo pensado como objeto que se posee, algo externo o al menos ajeno al *self*, es algo que se adorna, se modela, se usa para el disfrute, puede ser pensado como medio para un fin hedonista,[4] algo para "gratificarse", algo que se tiene, no algo que se *es*. La dimensión analítica que propusimos y que está ligada a la de cuerpo-sujeto es la de *"performance"* y en los capítulos dos y tres fueron ampliamente tratadas diferentes prácticas performativas que se observaron en el PFC. En el cuerpo "fetichizado" una parte del ser es

[3] Esta concepción del cuerpo está muy ligada también al desarrollo del deporte en la sociedad contemporánea. Jean-Marie Brohm (1993: 50) elabora un punteo interesante de cómo este se transforma en una herramienta para el sostén y reproducción de la ideología dominante.

[4] En línea con lo postulado por Gilles Lipovetsky (2003) en *La era del vacío*.

alienado, para luego ser ofrecida como producto que el individuo consume. Siguiendo a Lipovetsky (2003), el cuerpo como fuente de placer ya no es parte del individuo, es algo que debe obtenerse, donde el cuerpo deseado es aquel que responde a los cánones de la sociedad de consumo. El cuerpo, al mismo tiempo, pasa a ser esa vía de transformación del *self*, no ya como objeto separado sino como imagen[5] en la que se proyectan sentidos inducidos por el mercado. El luchador, el atleta, el modelo, etc., son productos que el mercado ofrece al *self*, proyectando sobre su cuerpo objetivado la imagen deseada y, de esta forma, transformando al sujeto. Cuerpos que se ven bien, cuerpos que se lucen, cuerpos que hacen como si uno fuera un "luchador", un "guerrero" o un *sex symbol*. Hay un doble proceso de separación e integración, una "fetichización" del cuerpo-objeto para transformarlo en imagen y luego una integración de esta que se convierte en imagen de sí mismo. El cuerpo-sujeto se convierte en imagen-sujeto: el mercado parasita así la unidad del *self* y permite su transformación.

La práctica del BJJ implica un contacto entre cuerpos-sujetos que se afectan recíprocamente. La objetivación y separación del cuerpo se vuelve imposible al momento de experimentar el fenómeno de la lucha. Es una experiencia que integra la dimensión física, el pensamiento y la emocionalidad. El lenguaje dualista complica transmitir la complejidad del fenómeno y lleva a las contradicciones aparentes del discurso nativo. El enfoque que elegimos para este trabajo intenta echar luz desde un ángulo diferente al proceso de aprendizaje del BJJ. La experiencia transitada en el aprender y enseñar el BJJ arrojó la conclusión de que el aprendizaje no es la transmisión de un saber sino una recreación guiada de este. Quien enseña presenta un escenario que involucra aspectos situacionales, emocionales y físicos combinados con una explicación verbal; es en este contexto en el cual el maestro guía al aprendiz en la experiencia del fenómeno, brindándole los elementos para poder interpretarlo de la forma compartida por la comunidad de practicantes. Pero no es un saber que se "inserta" en "la mente" del aprendiz sino, más precisamente, el desarrollo de una habilidad que implica la capacidad de percibir el entorno, de estar emocionalmente predispuesto, de comprender la situación y reaccionar

[5] Guy Debord (2002) aporta una interesante reflexión sobre cómo en realidad esa imagen es fetiche de algo ya irreal y "fetichizado", fetiche de fetiche. Eso explicaría esa ida y vuelta del cuerpo que vuelve a reconstituirse con el sujeto, no como parte de él sino como imagen, como fetiche.

físicamente de manera acorde. Todo esto se da en simultáneo y, por tanto, no es fácil de diseccionar. En este sentido, Ingold (2008: 5, 27) afirma: "El principiante o aprendiz enfrascado en estas pruebas no está adquiriendo cultura, como si simplemente esta se descargase de la fuente superior de la sociedad a la mente". Estas ideas quedan plasmadas en el concepto de "habilidad" (*skill*) que propone este mismo autor cuando afirma que son "las capacidades de acción y percepción del ser orgánico completo (cuerpo y mente de forma indisoluble) situadas en un entorno. Como propiedades de un organismo humano, las habilidades son tanto biológicas como culturales", y continúa diciendo: "Las habilidades no son transmitidas de generación en generación sino recreadas en cada una, incorporadas al *modus operandi* del organismo humano que se desarrolla a través del entrenamiento y la experiencia en la ejecución de una tarea determinada".[6] El BJJ entonces no sería un arte que se "transmite" de maestro a aprendiz, ni de generación en generación, sino que se recrea en cada aprendizaje. Y en este recrearse el resto de las condiciones que conforman el entorno son significativas, ya que imprimen una marca de nacimiento en el proceso de recreación de la habilidad. Los cambios institucionales, las actitudes frente a la violencia, los objetivos de los practicantes y todas las dimensiones analizadas en los capítulos precedentes imprimieron su sello en la forma en la que los aprendices desarrollaron sus habilidades. El arte se fue conservando y transformando a través de este proceso de renacimiento continuo, el cual no puede ser separado de su entono local. Quizás podamos extrapolar esta idea y reflexionar, tomando al BJJ como parte de la cultura, que la cultura en sí misma no es algo que se conserva en su transmisión, sino en ese continuo proceso de nacimiento. Y, al mismo tiempo, pensar que esta habita no en el mundo ideal de una "mente", ni inscripta en los cuerpos de los sujetos, sino que tiene como sustrato al colectivo de individuos, sus relaciones con el entorno y la historia de este proceso de renacer continuo.

La metáfora del cuerpo colectivo que introdujimos hacia el final del capítulo cuatro es el lugar donde el BJJ del PFC vive. El *fight club*, la academia, el tatami y el contexto sociocultural en el cual se inscriben representan el entorno donde se lleva a cabo el aprendizaje y donde se encarna el BJJ en el cuerpo colectivo. Como mencionamos, es la relación situada entre los practicantes y este entorno donde se desarrolla el aprendizaje. Es

---

[6] Traducción del autor.

realmente difícil separar a los cuerpos-sujetos que conforman el cuerpo del PFC de este entorno, las relaciones comunitarias están entrelazadas con los cambios institucionales, el *ethos* marcial, la tradición y el resto de las categorías consideradas. Siguiendo nuevamente a Ingold (2011: 63, 71),[7] podemos reinterpretar lo que entendemos por "entorno":

> A lo que nos hemos acostumbrado a llamar el "entorno" puede entonces ser visualizado de forma más apropiada como un dominio de entrelazamiento. Es dentro de semejante tejido de caminos entrelazados, continuamente apareciendo aquí y revelándose más allá, en que los seres son desarrollados o "lanzados hacia adelante" a lo largo de las líneas de sus relaciones.

"Cuerpos-sujetos" y "entorno" configuran lo que este mismo autor llama una "malla" (*meshwork*) donde los elementos están imbuidos. Tratar de separarlos, recortar los cuerpos-sujetos como objetos, como individuos separables del resto del entorno y las relaciones intersubjetivas es una abstracción que destruye la posibilidad de comprender la complejidad del fenómeno. Cabe preguntarse entonces: ¿Qué es aquello que está embebido en el mundo? El eje del problema está en cómo el *self* se relaciona con el mundo como entidad completa, como cuerpo y mente, en dónde empieza el mundo y dónde termina el *self*.

Espero que esta mirada diferente sobre el fenómeno del aprendizaje del BJJ sea un aporte para repensar la concepción sobre nosotros mismos, como cuerpos-sujetos y la interrelación con nuestro entorno. Más arriba se explicó cómo una visión dualista transformaba al cuerpo-sujeto en imagen-sujeto, cómo los sentidos de la sociedad de consumo actual se interponen dentro de nuestra unidad de "cuerpo" y "mente" y, al mismo tiempo, condicionan la relación con nuestro entorno. La pregunta sería entonces: ¿Cómo evitar que nuestra relación con el mundo no sea parasitada por el mercado? Hay dos objetivaciones de los elementos de esta "malla" que permiten que esto ocurra.

La primera objetivación es la del cuerpo que lo ubica como algo separado, algo externo al *self*: es esto lo que permite el llenado de sentido, porque es algo que se tiene, no algo que se es. No es el mercado tratando de afectarnos, sino que es el mercado operando sobre el objeto-cuerpo, ofreciendo productos para "mejorarlo", para convertirlo en otra cosa "más valiosa". Pero, como en todo producto, la mejora, el beneficio con

---

[7] Traducción del autor.

él ofrecido vienen acompañados de una serie de sentidos asociados que uno "compra" junto con el objeto. El cuerpo, considerado como algo diferente, separado, externo, como si no afectara a la persona, no habilita una mirada crítica sobre sí mismo porque aquello que sucede le sucede al objeto. Ya no necesitamos el desarrollo de habilidades que tengan efecto sobre el mundo real, sino que es suficiente con estas operaciones sobre el mundo de las imágenes, lo que hace que el aprendizaje se desarrolle desprovisto de relación con el mundo real. En efecto, la relación con el mundo está mediada por la imagen, un cuerpo-sujeto o un organismo-persona que, para seguir los términos de Ingold,[8] no percibe en un entorno real de donde obtiene habilidades (*skills*) para sí mismo, sino que las obtiene para un entorno artificial del cual se convierte en dependiente. El entorno es entonces parte de un *meshwork* que, en lugar de componerse por relaciones entre elementos del mundo real, se construye a partir de la interrelación entre imágenes de objetos arbitrariamente recortados, como es el caso del cuerpo objetivado. Estas imágenes se superponen a las relaciones reales del mundo y reemplazan la experiencia del mundo por una experiencia virtual.

La segunda objetivación que se da es la del *self* como separado del cuerpo colectivo. La "malla" es el entretejido de elementos del entorno que incluye al resto de los cuerpos-sujetos. El *self* como algo individualizado del entorno es un recorte que posiciona al individuo como algo separable. Pero la idea de la "malla" es justamente que no se pueden separar las relaciones de los elementos, lo que hay es un tejido donde lo que llamamos "objetos" son simplemente recortes arbitrarios, son dibujos sobre un lienzo. Nuestras relaciones vitales con lo que comemos, las sustancias que consumimos, las relaciones que trazamos con otros cuerpos-sujetos tanto en el presente como en el pasado y todos los vínculos que establecemos con los elementos que conforman nuestra realidad son el material de lo que estamos hechos. Dónde empieza y dónde termina nuestra persona es imposible de determinar en el entretejido de la "malla". Los conceptos contemporáneos de "individuo", "cuerpo" y "mente" son los que determinan cómo se concibe la realidad, y estos están condicionados por la ideología hegemónica. Reconocer el carácter intersubjetivo e interrelacionado del

---

[8] "Un acercamiento ecológico toma como punto de partida la condición del organismo-persona, cuerpo y mente indivisibles, comunicados de modo activo con los componentes más notables del entorno en las tareas prácticas de la vida" (Ingold, 2008: 22).

ser con el resto de los elementos de la realidad es necesario para poder trasformar la forma que actualmente ha tomado la "malla".

Una última observación. Más arriba se mencionó cómo el mercado y el mundo capitalista, que parasita nuestra relación con el propio cuerpo, separa de nuestro ser los vínculos intersubjetivos y con el entorno. Pero, ¿qué es el mercado en relación con la "malla"? ¿Es algo externo? Definitivamente no. El sistema actual en que vivimos no es más que una forma de concebirnos colectivamente que condiciona la forma de tejer nuestro futuro. Imagen, fetiche, mercado, individuo, cuerpo y mente son los objetos que pintamos sobre la "malla" y que conforman nuestra realidad. Este cuadro actual es lo que determina cómo seguir tejiendo. Sin embargo, otra pintura es posible, otro futuro.

Bibliografía citada

Acero Cali vs. El Ninja: ¿puro show o verdadero deporte? (27 de enero de 2012). Recuperado de http://tn.com.ar/deportes/desafios/acero-cali-vs-el-ninja-puro-show-o-verdadero-deporte_080648 [Consulta: 9 de octubre de 2017].

Alabarces, P. y Garriga Zucal, J. (2007). Identidades corporales: entre el relato y el aguante. *Campos-Revista de Antropología Social*, 8(1).

Aschieri, P. y Rodolfo P. (2010). Cuerpo y producción de conocimiento en el trabajo de campo. Una aproximación desde la fenomenología, las ciencias cognitivas y las prácticas corporales orientales. En S. Citro (Ed.), *Cuerpos plurales. Antropología de y desde los cuerpos*. Buenos Aires, Argentina: Editorial Biblos.

Austin, J. L. y Austin, J. L. (1970). *Cómo hacer cosas con palabras: palabras y acciones*. Barcelona, España: Ediciones Paidós.

Bateson, G. (1998). *Pasos hacia una ecología de la mente*. Buenos Aires, Argentina: Lohlé-Lumen.

Benesch, O. (2011). *Bushido: The Creation of a Martial Ethic in Late Meiji Japan* (Tesis doctoral). Recuperado de https://open.library.ubc.ca/cIRcle/collections/ubctheses/24/items/1.0071589

Bizerril, J. (2015). Espiritualidades asiáticas, experiencias meditativas y subjetividades corporificadas: cuerpos taoístas en Brasil. En S. Citro, Y. Mennelli, y J. Bizerril (Eds.), *Cuerpos y corporalidades en las culturas de Las Américas*. Buenos Aires, Argentina: Editorial Biblos.

Bolelli, D. (2014). How Gladiatorial Movies and Martial Arts Cinema Influenced the Development of The Ultimate Fighting Championship. *JOMEC Journal, 5*. doi: 10.18573/j.2014.10265

Bowman, P. (2014). Instituting Reality in Martial Arts Practice. *JOMEC Journal, 5*. doi: 10.18573/j.2014.10266

______. (2015). *Martial Arts Studies: Disrupting Disciplinary Boundaries*. Londres, Inglaterra: Rowman & Littlefield International.

______. (2016). *Mythologies of Martial Arts. Martial Arts Studies*. Londres, Inglaterra: Rowman & Littlefield International.

______. (2017). The Definition of Martial Arts Studies. *Martial Arts Studies, 3*, 6-23.

Brohm, J. M. (1993). *Materiales de sociología del deporte*. Madrid, España: La Piqueta.

Buccellato, M. (2014). *Explorando las artes marciales como objeto de estudio antropológico*. Trabajo presentado en el 1er Encuentro de Estudiantes 2014, organizado por la Universidad Nacional de San Martín. Buenos Aires, Argentina.

______. (2015). *Artes marciales e institución*. Trabajo presentado en el 2do Encuentro de Estudiantes 2015, organizado por la Universidad Nacional de San Martín. Buenos Aires, Argentina.

______. (2015). *Guerreros de fin de semana: combate medieval contemporáneo*. Trabajo presentado en las Jornadas interdisciplinarias de jóvenes investigadores 2015, organizadas por la Universidad Nacional de San Martín. Buenos Aires, Argentina.

Cairus, J. (2012). *The Gracie Clan and the Making of Brazilian Jiu-Jitsu: National Identity, Culture and Performance, 1905-2003*. Toronto, Canadá: York University.

Carozzi, M. J. (2009). Una ignorancia sagrada: aprendiendo a no saber bailar tango en Buenos Aires. *Religiao e Sociedade, 1*(29), 126-145.

Carozzi, M. J. (2012). *Las palabras y los pasos: etnografías de la danza en la ciudad* (1a. ed). La Plata, Argentina: Gorla Ediciones.

Citro, S. (2009). *Cuerpos significantes: travesías de una etnografía dialéctica*. Buenos Aires, Argentina: Editorial Biblos.

Crossley, N. (1995). Merleau-Ponty, the Elusive Body and Carnal Sociology. *Body & Society, 1*(1), 43-63.

______. (1996). Intersubjectivity: The Fabric of Social Becoming. Thousand Oaks, Estados Unidos: Sage Publications.

______. (2001). The Social Body: Habit, Identity and Desire. Thousand Oaks, Estados Unidos: Sage Publications.

Csordas, T. (1990). Embodiment as a Paradigm for Anthropology. *Ethos, 18*(1), 5-47.

______. (1994). *Embodiment and Experience: The Existential Ground of Culture and Self*. Cambridge, Inglaterra: Cambridge University Press.

______. (1999). Embodiment and Cultural Phenomenology. En G. Weiss y H. F. Haber (Eds.), *Perspectives on Embodiment: The Intersection of Nature and Culture* (pp. 143-162). Londres, Inglaterra: Routledge.

______. (2002). *Body, Meaning, Healing* (ed. 2002). Nueva York, Estados Unidos: Palgrave Macmillan.

______. (2010). Modos somáticos de atención. En S. Citro (Ed.), *Cuerpos plurales. Antropología de y desde los cuerpos*. Buenos Aires, Argentina: Editorial Biblos.

Debord, G. (2002). *La sociedad del espectáculo*. Valencia, España: Pre-textos.

Dembo, A. e Imbelloni, J. (1938). *Deformaciones intencionales del cuerpo humano de carácter étnico*. Buenos Aires, Argentina: José Anesi.

Donohue, J. J. (1994). *Warrior Dreams: The Martial Arts and the American Imagination*. Westport, Estados Unidos: Bergin & Garvey.

Downey, G. (2005). *Learning Capoeira: Lessons in Cunning from an Afro-Brazilian Art*. Oxford, Estados Unidos: Oxford University Press.

_____. (2014). 'As Real As It Gets!'. Producing Hyperviolence in Mixed Martial Arts. *JOMEC Journal Journalism, Media and Cultural Studies* (5)

Dubet, F. (2006). *El declive de la institución* (1a. ed.). Barcelona, España: Editorial Gedisa.

_____. (2010). Crisis de la transmisión y declive de la institución. *Política y Sociedad, 47*(2), 15-25.

Elias, N. y Dunning, E. (1992). *Deporte y ocio: en el proceso de la civilización*. Madrid, España: Fondo de Cultura Económica.

Farrer, D. S. y Whalen-Bridge, J. (2011). *Martial Arts as Embodied Knowledge: Asian Traditions in a Transnational World*. Albany, Estados Unidos: State University of New York Press.

Favret-Saada, J. (2013). "Ser afectado" como medio de conocimiento en el trabajo de campo antropológico (Trad. L. Zapata y M. Genovesi). *Avá*, (23).

Figueiredo, A. (2009). The Object of Study in Martial Arts and Combat Sports Research - Contributions to a Complex Whole. Rzeszów, Polonia: Wydawnictwo Uniwersytetu Rzeszowskiego.

Foucault, M. (2002). *Vigilar y castigar* (1a. ed.). Buenos Aires, Argentina: Siglo XXI Editores.

Frank, A. D. (2006). *Taijiquan and the Search for the Little Old Chinese Man Understanding Identity through Martial Arts*. Nueva York, Estados Unidos: Palgrave Macmillan.

Gadamer, H. G. (1977). *Verdad y método: fundamentos de una hermenéutica filosófica*. Salamanca, España: Ediciones Sígueme.

García Sánchez, R. y Malcolm, D. (2010). Decivilizing, Civilizing or Informalizing? The International Development of Mixed Martial Arts. *International Review for the Sociology of Sport, 45*(1), 39-58.

Garriga Zucal, J. (2015). *El inadmisible encanto de la violencia*. Buenos Aires, Argentina: Cazador de tormentas.

Garriga Zucal, J. y Buccellato, M. (2016). El club de la pelea. *Voces en el fénix*. Recuperado 17 de diciembre de 2020 de https://www.vocesenelfenix.

com/content/%E2%80%9Cel-club-de-la-pelea%E2%80%9D-reflexiones-sobre-la-regulaci%C3%B3n-de-la-violencia.

Gentry, C. (2011). *No Holds Barred: The Complete History of MMA in America*. Chicago, Estados Unidos: Triumph .

Giulianotti, R. (2004). *Sport and Modern Social Theorists*. Nueva York, Estados Unidos: Palgrave Macmillan.

Goffman, E. (2001). *Internados. Ensayos sobre la situación social de los enfermos mentales* (1a. ed.). Buenos Aires, Argentina: Amorrortu editores.

Grupo Fénix - Lucha olímpica - Argentina (2011). Recuperado 27 de junio de 2017 de http://www.grupo-fenix.com.ar/nota.aspx?ID=172

Hegoveen, B. y Hardes, J. (2014). Constituting the Fighter's Body: On Being-with in Brazilian Jiu-Jitsu. En K. Gilbert (Ed.), *Fighting: Intellectualising Combat Sports*. Illinois, Estados Unidos: Common Ground Publisher.

Henry, M. (2000). *Incarnation: Une Philosophie de La Chair*. París, Francia: Seuil.

Hernández, V. A., Hidalgo, C. y Stagnaro, A. (Eds.). (2005). *Etnografías globalizadas*. Buenos Aires, Argentina: Sociedad Argentina de Antropología.

Hobsbawm, E. (2000). *The Invention of Tradition*. Cambridge, Inglaterra: Cambridge University Press.

Holthuysen, J. (2011). *Embattled Identities: Constructions of Contemporary American Masculinity Amongst Mixed Martial Arts CageFighters*. Arizona, Estados Unidos: Arizona State University.

Ingold, T. (2000). *The Perception of the Environment Essays on Livelihood, Dwelling and Skill*. Londres; Inglaterra: Routledge.

______. (2007). Anthropology Is Not Ethnography. *Proceedings of the British Academy, 154*. doi: 10.5871/bacad/9780197264355.001.0001

______. (2008). Tres en uno: cómo disolver las distinciones entre mente, cuerpo y cultura. En T. Sánchez-Criado (Ed.), *Tecnogénesis: la construcción técnica de las ecologías humanas*. Madrid, España: AIBR.

______. (2011). *Being Alive: Essays on Movement, Knowledge and Description*. London, Inglaterra: Routledge.

______. (2017). Anthropology Contra Ethnography. *HAU: Journal of Ethnographic Theory, 7*(1), 21-26.

Jackson, M. (2012). *Between One and One Another*. Berkeley, Estados Unidos: University of California Press.

Jiujitsu "Creonte". (26 de abril de 2015). Recuperado el 14 de mayo de 2017 de http://www.pasandoguardia.com/2015/04/jiujitsu-creonte/

Jones, D. E. (2002). Toward a Definition of the Martial Arts. En D. E. Jones (Ed.), *Combat, Ritual, and Performance: Anthropology of the Martial Arts.* Westport, Estados Unidos: Praeger.

Judkins, B. (2014). Inventing Kung-Fu. *JOMEC Journal, (5).* doi: 10.18573/j.2014.10272

Lipovetsky, G. (2003). *La era del vacío.* Barcelona, España: Anagrama.

Lorge, P. (2012). *Chinese Martial Arts.* Cambridge, Inglaterra: Cambridge University Press.

Marcus, G. (2001). Etnografía en/del sistema mundo. El surgimiento de la etnografía multilocal. *Alteridades, 11*(22).

Martínez Guirao, J. E. (2013). *Una etnografía de las artes marciales: procesos de cambio y adaptación cultural en el taekwondo.* Alicante, España: Editorial Club Universitario.

Mathews, C. y Channon, A. (2016). Understanding Sports Violence: Revisiting Foundational Explorations. *Sport in Society.* doi: 10.1080/17430437.2016. 1179735

Maurette, P. (2015). *El sentido olvidado. Ensayos sobre el tacto.* Ciudad Autónoma de Buenos Aires, Argentina: Mardulce.

Mauss, M. (1971). *Sociología y antropología.* Madrid, España: Tecnos.

Miller, R. (2008). Meditations on Violence: A Comparison of Martial Arts Training and Real World Violence. Boston, Estados Unidos: YMAA Publication Center.

Noel, G. y Garriga Zucal, J. (2010). Notas para una definición antropológica de la violencia: un debate en curso. *Antropología y Ciencias Sociales, (9).* Recuperado el 23 de octubre de 2013 de http://ppct.caicyt.gov.ar/index.php/ publicar/article/view/1191

Pedreira, R. (2015). *Choque: The Untold Story of Jiu-Jitsu in Brazil 1856-1949* (3a. ed.). Brasil: GTR Publications.

Perrow, C. (1990). *Sociología de las organizaciones.* Nueva York, Estados Unidos: McGraw-Hill.

Ricoeur, P. (2006). La vida: un relato en busca de narrador. Ágora, 25(2), 9-22.

Rizzolatti, G. (2005). The Mirror Neuron System and Imitation. En N. Chater y S. L. Hurley (Eds.), *Perspectives on Imitation: From Neuroscience to Social Science* (pp. 55-76). Cambridge, Estados Unidos: MIT Press.

Rodríguez, A. D. (2017). *Haciendo fierros en el boulevard: una aproximación etnográfica al interior de los gimnasios porteños.* Buenos Aires, Argentina: Prometeo Libros.

Serrano, M. (2014). *O Livro Proibido Do Jiu-Jitsu.* Brasil: Club de autores.

Shahar, M. (2008). *The Shaolin Monastery: History, Religion, and the Chinese Martial Arts*. Honolulu, Hawái: University of Hawái Press.

Spencer, D. C. (2012). *Ultimate Fighting and Embodiment: Violence, Gender, and Mixed Martial Arts*. Nueva York, Estados Unidos: Routledge.

______. (2014). From Many Masters to Many Students: YouTube, Brazilian Jiu-Jitsu, and Communities of Practice. *JOMEC Journal*, (5). doi: 10.18573/j.2014.10274

Steil, C. A. y de Moura Carvalho, I. C. (2015). Diálogos imaginados entre Thomas Csordas y Tim Ingold. En S. Citro, J. Bizerril, Y. Mennelli y S. Castillo Ballén (Eds.), *Cuerpos y corporalidades en las culturas de Las Américas* (pp. 43-57). Buenos Aires, Argentina: Editorial Biblos.

Turner, V. W. (1977). *The Ritual Process: Structure and Anti-Structure (Symbol, Myth, and Ritual Series)*. Ithaca, Estados Unidos: Cornell University Press.

Vaccaro, C., Schrock, D. y McCabe, J. (2011). Fighting and Fostering Fear in Mixed Martial Arts. *Social Psychology Quarterly, 74*(4), 414-437.

Van Gennep, A. (2008). *Los ritos de paso*. Madrid, España: Alianza.

Wacquant, L. (2005). Carnal Connections: On Embodiment, Apprenticeship, and Membership. *Qualitative Sociology, 28*(4), 445-474.

______. (2006). *Entre las cuerdas: cuadernos de un aprendiz de boxeador*. Buenos Aires, Argentina: Siglo XXI.

Watson, B. (2008). *Judo Memoirs of Jigoro Kano: Early History of Judo*. Victoria, Canadá: Trafford.

Wetzler, S. (2015). Martial Arts Studies as Kulturwissenschaft: A Possible Theoretical Framework. *Martial Arts Studies, 0*(1), 20.

Wittgenstein, L. (1988). Investigaciones filosóficas. España: Altaya.

Woodward, K. (2007). *Boxing, Masculinity, and Identity: The "I" of the Tiger*. London, Inglaterra: Routledge.

Anexo 1. Fotografías

Fotografía 1: Entrada al PFC.

Fotografía 2: El tatami del PFC. En el marco de un evento de graduaciones de Novo Mundo, se realizan luchas luego del evento. Se puede ver a la hija de "el Perro" jugando con un practicante.

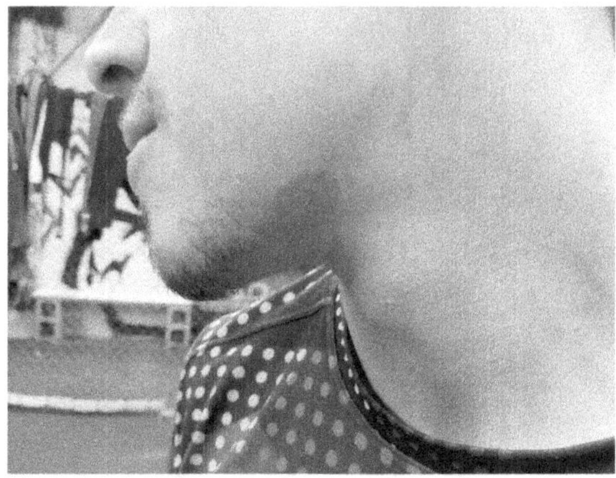

Fotografía 3: Infección micótica en el PFC. Fue muy difícil erradicar este hongo. Algunos practicantes tenían estas marcas por todo el cuerpo.

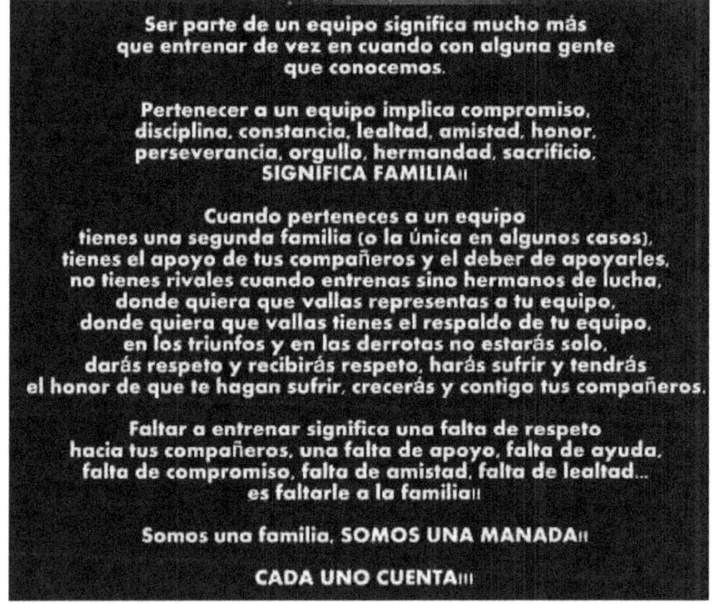

Fotografía 4: Imagen en las redes sociales. Familia, hermanos y compañeros. La comunidad y los valores. Se podían encontrar incontables referencias similares.

Fotografía 5: Las marcas en el cuerpo mostradas con orgullo. Lesiones y resistencia al dolor. Se puede ver en el practicante de la derecha la típica "oreja de coliflor".

Fotografía 6: "Parche" que se cose al kimono. Este corresponde a la sede en la cual yo impartí clases.

Fotografía 7: Tatuajes. Practicas reflexivas. En este caso la frase es alegórica al abuelo del luchador, que participó en la Guerra del Chaco paraguayo. "Vencer o morir" era el lema del batallón al que perteneció su abuelo en el ejército paraguayo.

Fotografía 8: La ceremonia de graduación. Se puede ver "el túnel" con los practicantes alineados a cada lado y sus *faixas* en mano. Los graduados se pueden ver hacia el fondo a punto de ser sometidos a la flagelación colectiva.

Fotografía 9: Medallero. Cada sede tenía un espacio donde se colgaban las medallas obtenidas por los practicantes. Estas no eran conservadas de forma particular por los competidores.

Fotografía 10: Las victorias son colectivas. La comunidad y los valores como parte importante de la construcción de la victoria.

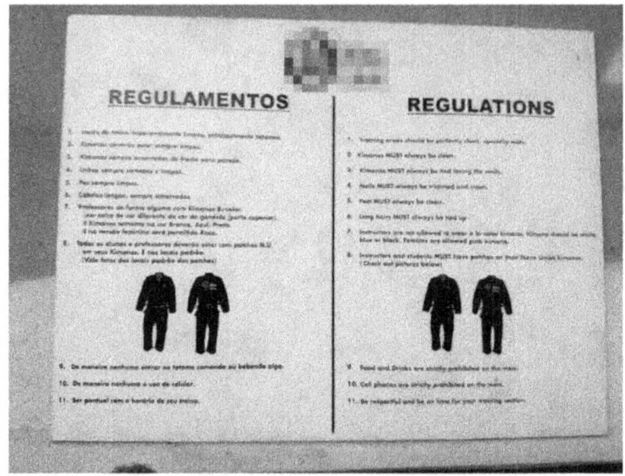

Fotografía 11: Las regulaciones por escrito. Lo que antes era parte de los códigos de conducta ahora está formalizado luego de la fusión con Novo Mundo.

Fotografía 12: Las dietas y el estado de ánimo.

Fotografía 13: Explicación técnica. El cuerpo es necesario para explicar, pero también el lenguaje descriptivo. No es sencillo dar la explicación sin ejecutar la técnica ya que en la evocación de la misma los detalles sobre cómo moverse solo se hacen presentes de forma clara en el hacer.

Anexo 2. El mapa del BJJ

El BJJ, a diferencia del judo, su antecesor, no tiene un canon de técnicas determinado, ordenado y estable. Lo que hay es más bien un conjunto siempre cambiante de técnicas en continuo crecimiento. Al empezar una clase de BJJ uno se encuentra con que le enseñan una cierta cantidad de técnicas elementales pero, al mismo tiempo, muchas veces termina practicando técnicas más avanzadas. De esta forma uno va adquiriendo nuevas técnicas pero no siempre de forma ordenada. Por lo general, todos los practicantes transitan su aprendizaje de esta manera y a la larga logran dominar el arte sin que este desorden represente un problema. Sin embargo, en mi experiencia de práctica me encontré en muchas oportunidades con dudas sobre qué técnicas tenía disponibles desde ciertas posiciones, especialmente cuando me tocó el turno de preparar las clases que tenía que dar. Por otro lado, parte de las hipótesis que manejaba durante el trabajo de campo era que las diferentes sedes de la academia formaban distintos tipos de luchadores, y que la diferencia entre uno y otro podía reconocerse en el tipo y variedad de técnicas que sabían. Más allá de esto, para poder caracterizar el arte marcial debía al menos entender qué tipo de posiciones y movimientos encontraba en este. Desde la perspectiva del contenido de las clases, resultaba difícil encontrar una estructura en lo que iba aprendiendo ya que me costaba relacionar los elementos que había ido incorporando en intervalos de tiempo muy grandes.

Con todo esto en mente decidí construir un modelo formal que me permitiera registrar el contenido técnico de las clases y registrara las relaciones que había entre las distintas técnicas. Para construir este modelo, tomé elementos de la teoría de grafos. Definí que cada nodo debía representar una posición o técnica. Lo primero que hice fue separar los tamaños de los nodos en dos tipos: los grandes eran posiciones, los pequeños eran ataques, defensas o pasajes e inversiones. Los vértices entre los nodos representaban que esa técnica era realizable desde esa posición (vértice saliente) o que a esa posición se llegaba de la ejecución de la técnica (vértice entrante). De esta forma las técnicas del BJJ conformaban un grafo dirigido y uno podía rastrear las relaciones entre las diferentes técnicas. El segundo aspecto para considerar era determinar cuántos tipos de técnicas había y desde qué tipo de posición se ejecutaban. De esta forma me encontré con que había posiciones que eran antagónicas y estaban relacionadas. Por ejemplo: si uno se encuentra en la guardia del oponente, la posición antagónica es aquella en la que tengo al oponente en mi guardia. De esta forma quedaba claro que cierto tipo de técnicas solo estaban disponibles para cierto tipo de posiciones. Las inversiones, por ejemplo, solo eran posibles cuando uno estaba con la espalda contra el piso, dentro de un par de posiciones antagónicas.

Ilustración 1: Vista general de la red de técnicas mapeadas. Los puntos grandes son posiciones, los verdes son "guardias" y los azules, "posiciones de dominio". Los pequeños son técnicas; los rojos, ataques; los amarillos, "inversiones"; los celestes, "pasajes" y los grises, defensas o contratécnicas.

Una vez definidos los parámetros básicos del modelo, desarrollé un *software* que me permitió registrar todo esto de forma automática y registrar las diferentes técnicas. A medida que ingresaba los datos, un patrón gráfico comenzó a emerger. En este se podía ver desde qué posiciones tenía mayor número de técnicas y hacia qué otras podía "transicionar". Este patrón respondía a lo que iba aprendiendo en el PFC y representaba los conocimientos que se habían impartido en la clase, independientemente de mi habilidad para utilizarlos. Al mismo tiempo, luego de más de 300 nodos ingresados, se podía apreciar cuáles eran las características del estilo de lucha propio de la sede, y esto daba un parámetro para comparar este trabajo con otras. Sin embargo, que el conocimiento se hubiera dado en clase no implicaba una incorporación inmediata, eso dependía de muchos otros factores, como vimos a lo largo de este trabajo.

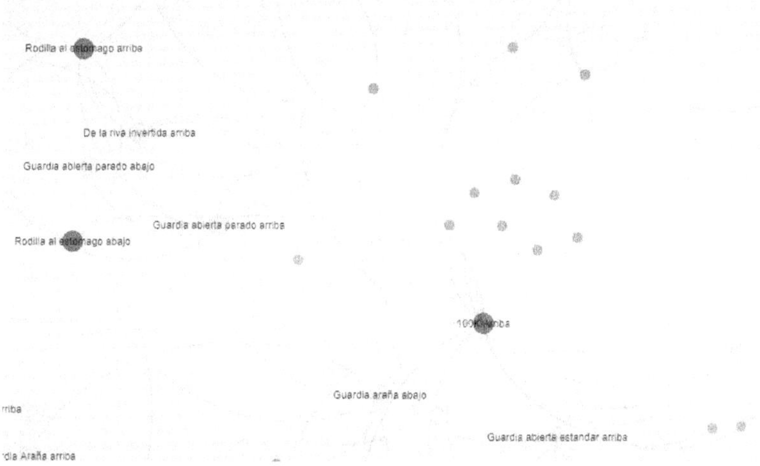

Ilustración 2: Acercamiento que muestra el detalle de las interacciones. De esta manera se puede ver desde qué posiciones se puede pasar a otras y cuál es el repertorio de técnicas que uno dispone. De la misma manera, se puede ver qué cantidad de ataques conoce en cada posición. Las concentraciones o *clusters*, en terminología de redes, muestran dónde uno tiene más concentrados los conocimientos técnicos y, por ende, se encuentra más cómodo luchando.

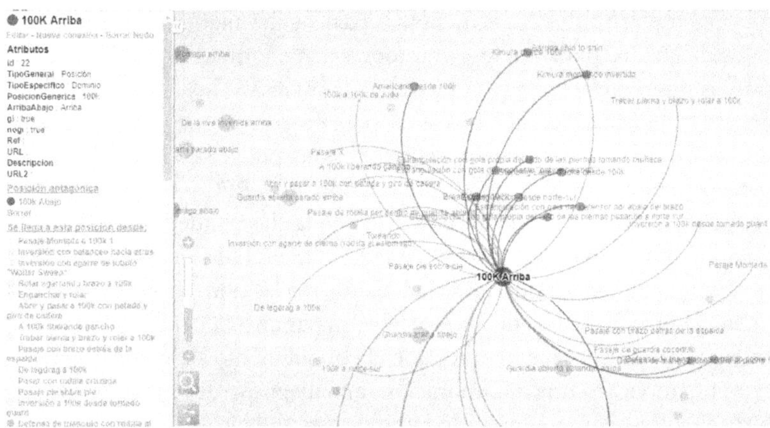

Ilustración 3: En este caso se puede ver cómo al seleccionar una técnica uno puede ver todo el repertorio de opciones disponibles, separado por tipo de técnica. También tiene una descripción y *links* a fotos y videos que muestran su ejecución.

En el programa desarrollado, si uno hace clic en un nodo puede ver las relaciones que entran y salen de este, una breve descripción de la técnica y *links* a videos que se encuentran en la red o incluso algunos que filmé exclusivamente para este fin. Los colores de cada nodo reflejan un tipo distinto de técnica o posición y permiten visualizar con claridad si desde una posición tengo, por ejemplo, más ataques que defensas o más transiciones. En las ilustraciones que se muestran en esta sección podemos apreciar el funcionamiento del programa y las visualizaciones gráficas que se logran. Lamentablemente el trabajo no pudo realizarse de forma tal que pudiera comparar las gráficas de diferentes sedes, sin embargo los elementos para hacerlo están disponibles a través de este modelo. Esperamos que este modelo de registro de técnicas sea útil para futuros trabajos en esta u otra arte marcial.

Ilustración 4: Detalle que muestra la selección de una opción técnica dentro de una técnica previamente seleccionada.

Impreso por TREINTADIEZ S.A. en 2021
Pringles 521 (C1183AEI)
Ciudad Autónoma de Buenos Aires
Teléfonos: 4864-3297 / 4862-6794
editorial@treintadiez.com

www.ingramcontent.com/pod-product-compliance
Lightning Source LLC
Chambersburg PA
CBHW081719250726
48657CB00010B/3051